鍋おかず
煮込み・蒸し
スープ
100

鈴木理乃

JN010138

はじめに

「お鍋」ってこんなに
エンターテインメント！

お鍋を真ん中に、食卓を囲むと美味しい音が溢れてくる。

いい香りがふわりと漂い、待ちきれず、れんげと箸を握りしめる。
「そろそろいいかな…」ふたをあけると、
ふわ〜っと漂う湯気の中、
美味しそうに仕上がった食材たちが次々と顔を出す。

そう、お鍋はこんなにエンターテインメント。
「料理をつくる時間」を共有でき、そして一緒に楽しめる。

お鍋でつくる一品があるだけで、おうちご飯はたちまち華やかに。
さあ、極上の鍋料理を召し上がれ。

本書の嬉しい特徴!

入れる材料と順番、大体の分量、カットの仕方などがひと目でぱっとわかります。

各レシピのポイントや常備しておくと便利なちょこっと背のびな食材を厳選してコラムにしました。

※材料の写真はイメージ入れているものです。各レシピの材料memoを参考に分量など調整してください。

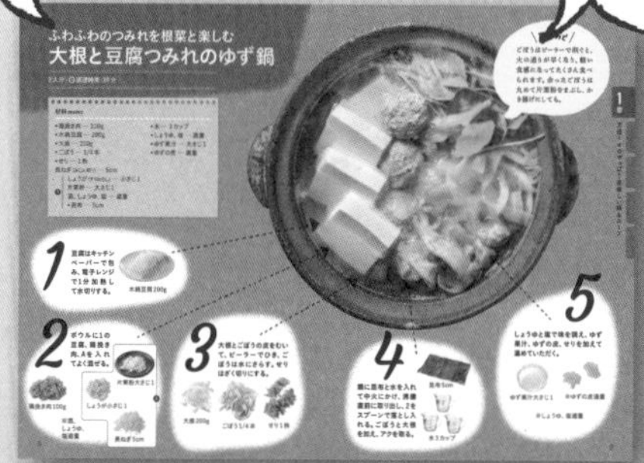

巻末には、お鍋の味変に欠かせない「たれのレシピ20」も掲載しています。素材にかけるだけ、和えるだけで立派な一品にもなる、やみつきレシピを紹介します。

そしてもちろん、全てのレシピがとにかく絶品です!

もくじ

1章　鍋&スープ

あると便利な鍋

土鍋

直径18cmサイズが食材がきれいに入りおすすめ

無水調理鍋

STAUBなど。洋風のお鍋のときにも活躍

鉄鍋

浅型が正解。すき焼きなど"焼き付ける"食材を使用するときに

2章　鍋おかず

あると便利な鍋

雪平鍋

直径16cmサイズが万能でおすすめ

フライパン

こちらも直径16cmサイズが使い勝手よし

無水調理鍋

STAUBなど。オーバル型だと調理後そのまま出せて○

あると便利な鍋

せいろ

蒸し上がりの香りが違う！ 1つあると料理の幅がぐんと広がるのでぜひ揃えて欲しい

あると便利な鍋

鉄小鍋

スキレットでも。そのまま食卓へ出せる

ミニ土鍋

1人分のお粥やおじやなどにも使える

王道＋αの

やっぱり美味しい 鍋&スープ

おでんやすき焼き、しゃぶしゃぶ…王道の鍋から
エスニックや中華風まで。毎日食べても飽きない
色とりどりのレシピを大公開！
味変やシメのおすすめ具材も紹介します。
また１品でおかずにもなる和洋中のスープも掲載。
鍋１つでどこまでも広がる
美味しい世界をご堪能ください。

使える便利食材

切り昆布

Column

さっと水洗いすれば、だしを取りつつ丸ごと食べられます。湯豆腐やしゃぶしゃぶを作る際は、水に切り昆布を入れて調理するだけで時短となり、栄養価も高くヘルシーにいただけます。切り昆布＋梅干し＋ツナ缶を混ぜるだけで絶品のごはんのお供に。

Point

食べ始めてから途中で梅干しを溶き入れると味変に。

だしと梅干で和の味を堪能

骨つき鶏肉と白菜の梅鍋

2人分｜調理時間:20分

材料*memo*

- 鶏手羽元 …… 200g
- 白菜 …… 1/8個
- 梅干し …… 2個
- 乾燥切り昆布 …… 15g
- 塩 …… 小さじ1/2
- しょうが（薄切り）…… 1かけ
- 水 …… 2カップ
- 酒 …… 大さじ1
- しょうゆ …… 大さじ1/2
- 塩 …… 適量

1

鶏肉は洗って水気をふき塩をまぶす。白菜はざく切り。切り昆布はさっと水洗いする。

白菜1/8個

鶏手羽元200g

乾燥切り昆布15g

塩小さじ1/2

2

鍋に水、酒、しょうゆ、しょうが薄切りを入れて中火にかけ、沸騰したら鶏肉を入れる。

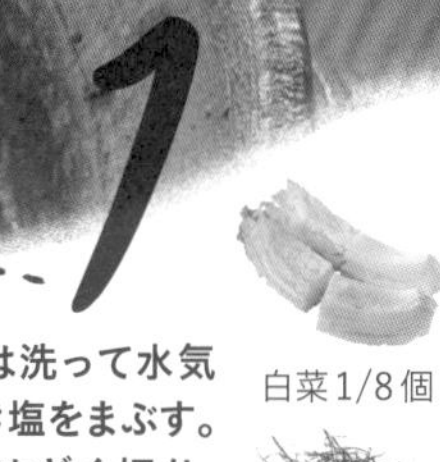

水2カップ

酒大さじ1
しょうゆ大さじ1/2

しょうが1かけ

3

梅干し2個
※塩適量

鶏肉に火が入ったら、白菜と梅干し、切り昆布を入れ、ふたをして柔らかくする。塩で調味する。

ふわふわのつみれを根菜と楽しむ

大根と豆腐つみれのゆず鍋

2人分｜調理時間:30分

材料*memo*

- 鶏挽き肉 …… 100g
- 木綿豆腐 …… 200g
- 大根 …… 200g
- ごぼう …… 1/4本
- せり …… 1株

長ねぎ（みじん切り）…… 5cm

Ⓐ
しょうが（すりおろし）…… 小さじ1
片栗粉 …… 大さじ1
酒、しょうゆ、塩 …… 適量

- 昆布 …… 5cm
- 水 …… 3カップ
- しょうゆ、塩 …… 適量
- ゆず果汁 …… 大さじ1
- ゆずの皮 …… 適量

1

豆腐はキッチンペーパーで包み、電子レンジで1分加熱して水切りする。

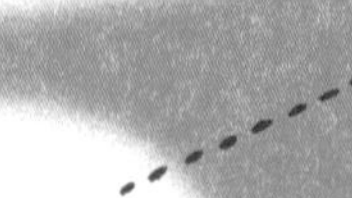
木綿豆腐200g

2

ボウルに鶏挽き肉、Aを入れてよく混ぜる。

鶏挽き肉100g

Ⓐ

片栗粉大さじ1

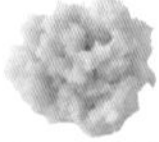
しょうが小さじ1

長ねぎ5cm

※酒、しょうゆ、塩適量

3

大根とごぼうの皮をむいて、ピーラーでひき、ごぼうは水にさらす。せりはざく切りにする。

大根200g

ごぼう1/4本

せり1株

Point

ごぼうはピーラーで削ぐと、火の通りが早くなり、軽い食感になってたくさん食べられます。余ったごぼうは丸めて片栗粉をまぶし、かき揚げにしても。

4

鍋に昆布と水を入れて中火にかけ、沸騰直前に取り出し、2をスプーンで落とし入れる。ごぼうと大根を加え、アクを取る。

昆布5cm

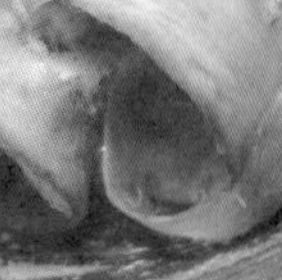

水3カップ

5

しょうゆと塩で味を調え、ゆず果汁、ゆずの皮、せりを加えて温めていただく。

ゆず果汁大さじ1

※ゆずの皮適量

※しょうゆ、塩適量

鶏肉がしっとり柔らかに

かぶと鶏むね肉の酒粕鍋

2人分｜調理時間:20分

材料memo

- 鶏むね肉 …… 1枚
- かぶ …… 2個
- 玉ねぎ …… 1/2個
- 水 …… 2カップ
- 昆布 …… 5cm
- 酒粕 …… 大さじ2
- 塩 …… 適量
- しょうゆ …… 適量
- すだち …… 1個

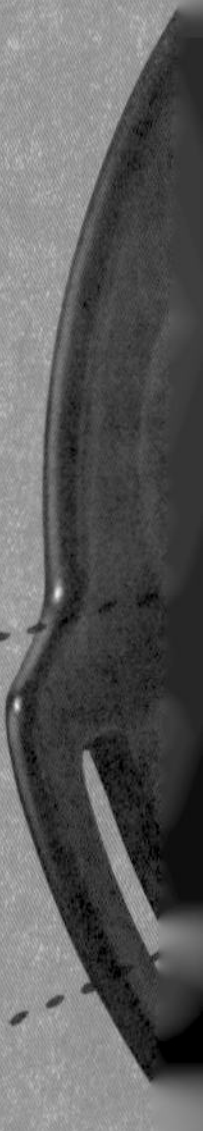

1

鶏むね肉は食べ良く切り、かぶは皮をむいて櫛切りにする。玉ねぎ、すだちは薄切り。

鶏むね肉1枚

かぶ2個

玉ねぎ1/2個

すだち1個

2

鍋に水と昆布を入れて中火にかけ、沸騰直前に昆布を取り出し、1の鶏むね肉、玉ねぎ、かぶを入れて煮る。

水2カップ

昆布5cm

3

火が通ったら酒粕を溶き入れ、塩としょうゆで味を調える。

酒粕大さじ2
※塩、しょうゆ適量

4

1のすだちをちらす。

＼Point／

すだちをかぼすやへべすに変えてもおいしい。シメはきしめんが好相性。

いつものすき焼きを新しく

ゆずこしょうすき焼き

2人分 | 調理時間:15分

材料*memo*

- 牛ロース肉(すき焼き用) …… 5~6枚
- くるま麩 …… 1個
- しいたけ …… 2枚
- 九条ねぎ …… 2本
- 水 …… 1カップ
- 昆布 …… 5cm
- 酒 …… 80ml
- しょうゆ …… 大さじ2
- きび砂糖、みりん …… 各大さじ1
- ゆずこしょう …… 適量

＼Point／

浅型の鍋を使い、肉は軽く泳がせるくらいがほどよく煮えるポイント。ゆずこしょうのほか、定番の卵を絡めていただいても。

1

しいたけは石づきをとって十字に飾り切りを入れる。九条ねぎは5cmのぶつ切りに。

しいたけ2枚

九条ねぎ2本

2

くるま麩はぬるま湯で戻し、水気を絞っておく。

くるま麩1個

3

鍋に水、昆布を入れて中火にかける。沸騰直前に昆布を取り出し、きび砂糖、みりん、しょうゆ、酒を加える。

水1カップ

昆布5cm

きび砂糖大さじ1

みりん大さじ1
しょうゆ大さじ2
酒80ml

4

1のしいたけを入れ、食べ良く切った2のくるま麩と牛肉を加え、煮えてきたら1の九条ねぎを加えてさっと煮る。

牛ロース肉
(すき焼き用)
5~6枚

5

ゆずこしょうをつけていただく。

※ゆずこしょう
適量

トマトの酸味でさっぱりと
トマトと万願寺唐辛子のすき焼き

2人分｜調理時間:20分

材料memo

- 牛肉（すき焼き用）…300g
- トマト（大きめ）…1個
- 万願寺唐辛子（ピーマン、ししとうでも）…2~3本

Ⓐ
きび砂糖…大さじ2
みりん…大さじ1
しょうゆ…50ml
水…大さじ1

1 トマトは湯剥きをして櫛切り。万願寺唐辛子は斜めにぶつ切りにする。Aを混ぜておく。

トマト1個

万願寺唐辛子
2～3本

きび砂糖大さじ2
みりん大さじ1
しょうゆ50ml
Ⓐ

水大さじ1

2 鍋に油（分量外）をひき、中火で牛肉、1の万願寺唐辛子をさっと炒める。1のトマトとAを加えて、万願寺唐辛子がやわらかくなるまで煮る。

牛肉（すき焼き用）300g

＼Point／
トマトの酸味ですき焼きのこってり感が中和されます。万願寺唐辛子がないときはししとうやピーマンでもOK。

カリカリ食感でやみつきに
白身魚のみぞれ鍋

2人分 | 調理時間:20分

材料memo

- 甘塩たら …… 2切れ
- 大根おろし …… 2カップ（軽く水気を切る）
- 水菜 …… 1株
- 塩、片栗粉、揚げ油 …… 適量
- 昆布 …… 5cm
- 水 …… 4カップ
- しょうゆ、塩 …… 適量
- すだち …… 1個
- 粉山椒 …… 適量

1

昆布5cm

水4カップ

昆布に切り込みを入れて鍋に入れ、水を入れる。

2

たらは一口大に切り、軽く塩をふり10分おく。キッチンペーパーで水気をふいて片栗粉をまぶす。

甘塩たら2切れ
※塩適量

※片栗粉適量

3

別の鍋に1～2cmの深さになるように油（分量外）を入れて火にかけ、170度に温めて2のたらを揚げる。

4

1を温めて沸騰直前に昆布を取り出し、しょうゆと塩で薄味をつける。

※しょうゆ、塩適量

Point

昆布に切り込みを入れることで早くだしがとれます。たらの衣がだしを吸い、冷めてもおいしくいただけます。

5

大根おろしを加えて温め、食べる直前に3のたらと食べやすく切った水菜を加え、さっと温める。すだちや粉山椒をかけていただく。

水菜１株

大根おろし２カップ

※粉山椒適量

すだち１個

和のスパイスがアクセント

豚肉と春菊のごま鍋

2人分｜🕒調理時間:20分

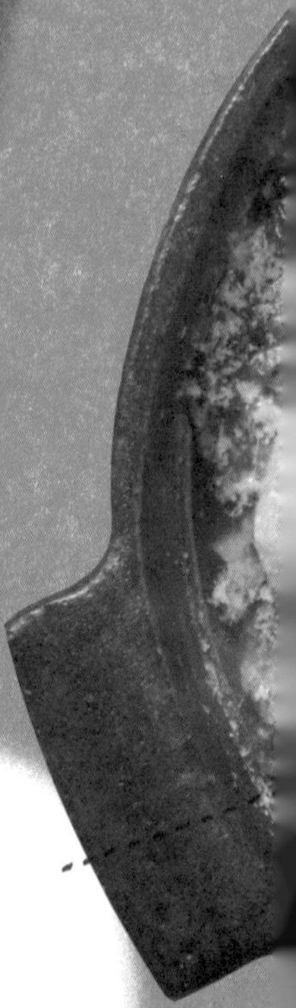

材料*memo*

- 豚ロース肉（生姜焼き用）…… 5枚
- 春菊 …… 1/2束
- 酒 …… 大さじ2
- 水 …… 2カップ
- 白ごまペースト …… 大さじ1
- しょうゆ …… 大さじ1
- 粉山椒、一味、ヒバーチなど和スパイス …… 適量

1

豚ロース肉（生姜焼き用）5枚

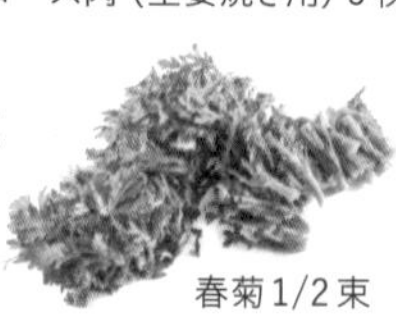

春菊1/2束

豚肉を半分に切る。春菊はざく切りに。

2

酒大さじ2

水2カップ

鍋に1の豚肉と水を入れて火にかけ、中火でアクを取りながら温め、酒を加える。

3

白ごまペースト大さじ1

しょうゆ大さじ1

白ごまペースト、しょうゆを加え、1の春菊を入れてさっと火を通す。

4

お好みの和スパイスをかけていただく。

※和スパイス適量

＼あると嬉しい！／

背のび調味料

粉山椒

辛みに他に香りがプラスされるのでこってり系のものをさわやかにしてくれ、飽きずに食べられます

葉物野菜がたっぷりとれる！

レタスと豚肉のしゃぶしゃぶ

2人分｜調理時間:10分

材料memo

- 豚肉（薄切り）…… 250g
- レタス …… 1/2玉
- にんにく（薄切り）…… 1かけ
- しょうが（千切り）…… 1かけ
- 水 …… 2カップ
- 昆布 …… 5cm（または顆粒だし小さじ1）
- ポン酢、ゆずこしょう …… 適量

1

レタスは食べやすく手でちぎる。豚肉は食べやすい大きさに切る。

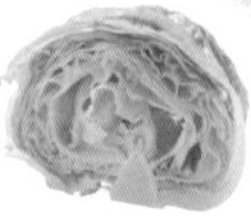

レタス1/2玉

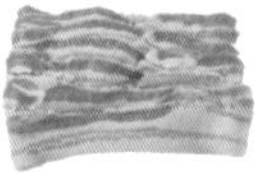

豚肉（薄切り）250g

2

にんにくは薄切り、しょうがは千切りにする。

にんにく1かけ

しょうが1かけ

3

鍋に水と昆布（または顆粒だし）を入れて強火で温め、2のにんにく、しょうがを入れる。

水2カップ

昆布5cm

4

※ゆずこしょう、ポン酢適量

豚肉とレタスをしゃぶしゃぶしながらポン酢とゆずこしょうでいただく。

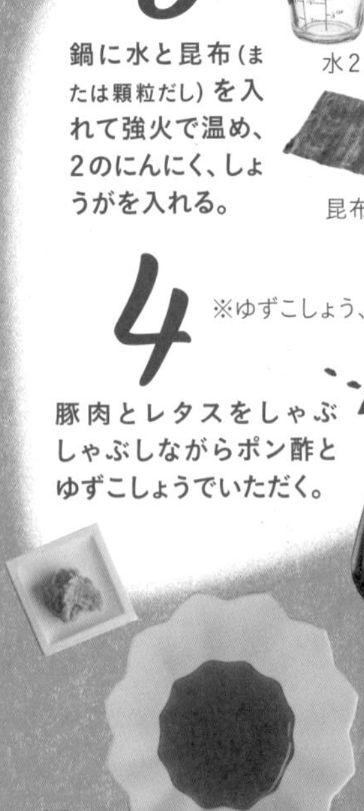

体も心もフラットになれる
やさしい豆乳白粥

2人分 | 調理時間:25分

材料memo

- ごはん …… 100g
- 豆乳 …… 50ml
- 白みそ …… 大さじ1/2
- 水 …… 450ml
- 塩 …… 少々

1 土鍋にごはんと水を入れ、中火で沸騰させる。

ごはん100g

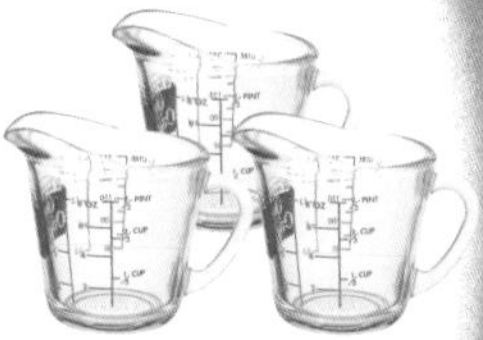

水450ml

―ときどき混ぜながら弱火で20分―

Point
そのままいただくのはもちろん、実山椒、梅干し、ザーサイなどを添えても。

2 火を止めて豆乳、白みそ、塩を加えて混ぜる。ふたをして5分蒸らす。

豆乳50ml

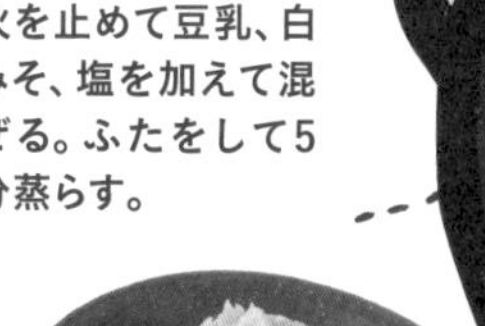

白みそ大さじ1/2

※塩少々

あっという間に味が染みる
くたっとキャベツと南関揚げの鍋

2人分｜調理時間:20分

材料*memo*

- キャベツ …… 1/4個
- 南関揚げ（または油揚げ）…… 1枚
- ゆず皮 …… 2かけ
- 昆布 …… 5cm
- 水 …… 4カップ
- 岩塩 …… 少々
- ゆずこしょう …… 適量

2

キャベツはざく切りに。南関揚げは手で割っておく。油揚げの場合は食べやすく切る。

キャベツ1/4個

南関揚げ1枚

3

1を中火にかけ、沸騰直前に昆布を取り出して岩塩で味をつける。

※岩塩少々

4

2のキャベツ、南関揚げを加えてキャベツがくったりするまで中弱火で15分くらい煮る。

5

ゆずこしょうをつけていただく。

※ゆずこしょう適量

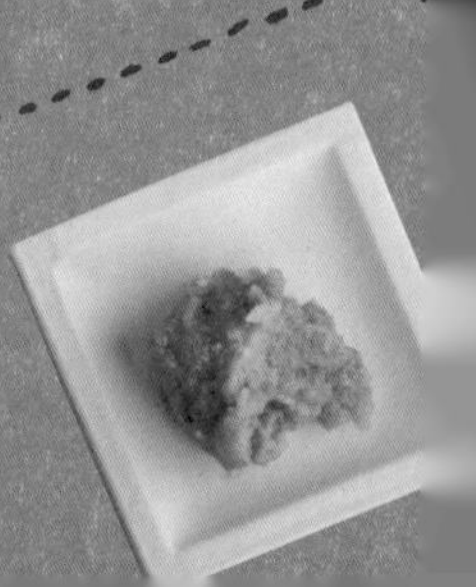

1

昆布を鍋に入れ、水、ゆず皮を入れておく。

水4カップ

ゆず皮2かけ

昆布5㎝

Point

南関揚げは熊本名物の油揚げ。水分を抜いているので常温で長期保存できて、使いたい量を手で割って入れられるのでとても便利。味もしっかり染み入ります。普通の油揚げをトースターで軽く炙って使用しても。

旬のきのこのだしがたっぷり

牛肉ときのこの鍋

2人分 | 調理時間:15分

材料*memo*

- お好みのきのこ (舞茸、シイタケ、しめじなど) …… 200g
- 牛薄切り肉 …… 50g
- 玉ねぎ …… 1/4個
- せり …… 1株
- 水 …… 2カップ
- 顆粒だし …… 小さじ1
- 酒 …… 大さじ2
- オイスターソース …… 大さじ1と1/2
- 粗挽きこしょう …… 適量
- たまりじょうゆ (またはしょうゆ) …… 適量
- すだち …… 1個

1

きのこは石づきをとり、手で大きくさいておく。玉ねぎは薄切り。せりはざく切りに。牛肉は食べやすい大きさに切る。

きのこ200g

玉ねぎ1/4個

牛薄切り肉50g

せり1株

2

別の鍋に水(分量外)を入れて沸かし、1の牛肉をさっとゆでて水気をきる。

3

鍋に水、顆粒だし、酒、1のきのこ、玉ねぎを入れる。

—中火で10分—

水2カップ

顆粒だし小さじ1

酒大さじ2

＼あると嬉しい!／

背のび調味料
オイスターソース

うまみ出しに最適!
だしを補って味に深みをプラスするので、パンチの効いた食材と好相性。

4

2の牛肉を加え、温まったらオイスターソースと粗挽きこしょうを加える。たまりじょうゆを少し加えて味を調える。

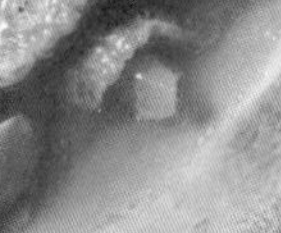

オイスターソース
大さじ1と1/2

※たまりじょうゆ適量
※粗挽きこしょう適量

5

1のせりをのせて具材と一緒にいただく。すだちをしぼるとさっぱりといただけます。

※すだち1個

こくと旨味豊かなスープで楽しむ

酒粕と白みそ豚しゃぶ

2人分｜調理時間:30分

材料*memo*

- 豚肉（しゃぶしゃぶ用）…… 300g
- 白菜浅漬け（市販のもの）…… 100g
- せり …… 1株
- 山いも …… 80g
- 長ねぎ …… 1/3本
- 酒粕 …… 60g
- 白みそ …… 40g
- 顆粒だし …… 大さじ1
- 酒 …… 大さじ2
- 塩 …… 適量
- 水 …… 4カップ
- ゆず皮（すりおろし・レモンでも）…… 少々

1 白菜の浅漬け、せりをざく切りに。せりは根も香りがよいので使用する。山いもは皮をむいてすりおろす。長ねぎは斜め薄切りにする。

白菜浅漬け100g

せり1株

山いも80g

長ねぎ1/3本

2 酒粕、白みそはお湯（分量外）を少し加え、柔らかくのばして混ぜておく。

酒粕60g

白みそ40g

3 鍋に水、酒、顆粒だし、2を加えて中火で温め、塩で味を調える。

水4カップ

酒大さじ2

顆粒だし大さじ1

※塩適量

\ Point /

酒粕とみその香りを残すために沸騰させすぎないで。シメは粉チーズとごはんを入れてクリームリゾットがおいしい。

4 1の白菜浅漬け、長ねぎを加えて温め、山いもをスプーンで落とし入れる。ゆず皮をふりかけ、沸騰しないように中弱火にする。

※ゆず皮少々

5 豚肉と1のせりをしゃぶしゃぶしていただく。

豚肉（しゃぶしゃぶ用）300g

あっさりとやさしい味わい

鶏むね肉とキャベツの鍋

2人分｜調理時間:40分

材料*memo*

- 鶏むね肉（皮なし）…… 1枚
- キャベツ …… 200g
- 九条ねぎ …… 1本
- 酒 …… 大さじ3
- 水 …… 2カップ
- ゆずこしょう、豆板醤 …… 適量

1

鶏むね肉は筋をとり、別の鍋に入れてかぶるくらいの水（分量外）と酒を入れ、中火で15分ゆでる。火を止めてそのまま冷ます。

鶏むね肉1枚

酒大さじ2

2

キャベツを千切りに。九条ねぎは斜め薄切りにする。

キャベツ200g

九条ねぎ1本

3

1の鶏むね肉を手でさく。鍋に水、酒、九条ねぎの根元、鶏むね肉を入れて中火にかける。

水2カップ

酒大さじ1

九条ねぎの根元
※白い部分

\Point/

シメに素麺を入れると、鶏肉のだしを吸って極上のにゅうめんに!

4

3が沸騰したらキャベツと2の九条ねぎの葉を加え、さっと火を通す。

5

ゆずこしょう、豆板醤をつけていただく。
※ゆずこしょう、豆板醤適量

シメで鴨南蛮も楽しめる
滋味豊かな鴨せり鍋

2人分 | 調理時間:30分

材料*memo*

- 合鴨ロース …… 200g
- 長ねぎ …… 1/2本
- せり …… 1株
- ごぼう …… 1/3本
- めんつゆ …… 60ml
- 水 …… 300ml

＼*Point*／
せりは根にも香りがあるので、丸ごと入れてみて。シメにそばを入れると鴨南蛮風に。焼いたおもちもトッピングすると大満足の一品になります。

1

太めの薄切りにした長ねぎと、鴨肉の皮目をフライパンで色よく焼く。焼いた鴨肉は薄切りにする。せりはざく切りに。

合鴨ロース200g

せり1株

長ねぎ1/2本

2

ごぼう1/3本

ごぼうはささがきにして水(分量外)にさらす。

3

鍋にめんつゆと水を入れて中火にかけ、温まったら1の長ねぎと2のごぼうを入れて火を通す。

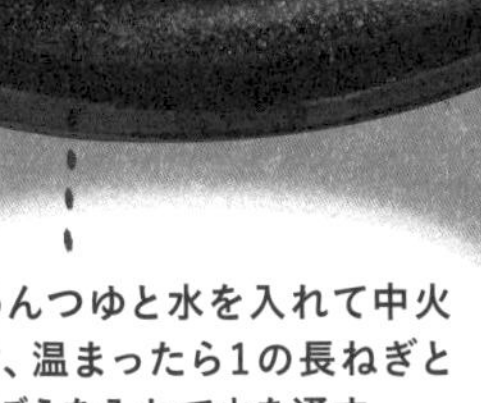

水300ml

めんつゆ60ml

4

1の鴨肉を入れ、30秒ほど火を通して色が変わったら1のせりを加え、煮すぎないうちにいただく。

発酵食品でコク深まる
鮭の石狩鍋風

2人分｜調理時間:20分

\ Point /

酒粕、みその発酵食品の組み合わせでコク深い一品。子どもも喜ぶ味わいです。

材料memo

- 生鮭……2切れ
- じゃがいも……小2個
- 小松菜……1株
- しめじ……80g
- 酒粕……40g
- 水……2カップ
- みそ……大さじ1
- バター……10g

1 鮭は3つに切り分け、じゃがいもは皮をむき1cm幅に切る。小松菜はざく切り、しめじは小房にわける。

生鮭2切れ

じゃがいも小2個

小松菜1株

しめじ80g

2 鍋に水、水（分量外）で溶いた酒粕を入れて中火にかけ、1のじゃがいもを煮る。

水2カップ

酒粕40g

3 じゃがいもが柔らかくなったら1の鮭、しめじ、小松菜を入れ、ふたをしてひと煮立ちさせる。

4 鮭に火が入ったら火を止めてみそを溶き入れ、バターをのせる。

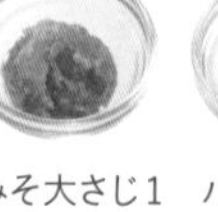
みそ大さじ1

バター10g

豆腐のおいしさを引き立てる
ゆず香る湯豆腐

2人分｜調理時間:10分

材料memo

- 木綿豆腐……1丁
- 昆布……5cm
- ゆず皮……1かけ
- 水……2カップ
- 長ねぎ……4cm
- 削り節……ひとつまみ
- しょうゆ……大さじ1
- とろろ昆布……ひとつまみ
- もみじおろし……少々

1

土鍋に水と食べよく切った豆腐、昆布、ゆず皮を入れ、強火にかける。泡が出てきたら弱火にして5分煮る。

水2カップ

木綿豆腐1丁

昆布5cm

ゆず皮1かけ

Point

とろろ昆布を足すとたれの絡みがアップし旨味もプラス。シメにごはんを入れると上品な塩粥に。

2

長ねぎをみじん切りにし、削り節、しょうゆを合わせておく。

長ねぎ4cm

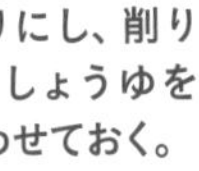

削り節ひとつまみ

しょうゆ大さじ1

3

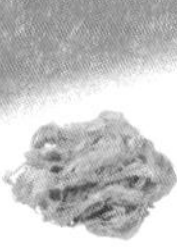

とろろ昆布ひとつまみ

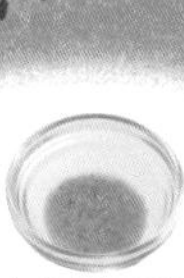

※もみじおろし少々

1を器に盛り、とろろ昆布、もみじおろしをのせ、2をつけながらいただく。

手作りきりたんぽで手軽に

小さなきりたんぽの鍋

2人分 | 調理時間:30分

材料*memo*

- 鶏もも肉 …… 120g
- まいたけ …… 80g
- 長ねぎ …… 1/3本
- せり …… 1株
- ごぼう …… 1/3本
- 温かいごはん …… 茶わん2杯分
- 塩 …… 小さじ1/4

Ⓐ
昆布 …… 5cm
しょうが(すりおろし) …… 1かけ
水 …… 2カップ
酒、しょうゆ …… 各大さじ1
塩 …… 少々

2

ボウルにごはんと塩を加えてまぜ、すりこぎなどでつぶす。4~6等分の団子にして、グリルかトースターで7~8分焼いて焼き色をつける。

温かいごはん
茶わん2杯分

塩小さじ1/4

Ⓐ

酒、しょうゆ大さじ1
※塩少々

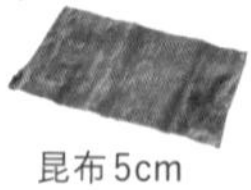

昆布5cm

水2カップ

しょうが1かけ

3

鍋にAを入れて中火にかけ、沸騰前に昆布を取り出す。1の鶏肉、ごぼうを入れてひと煮立ちする。

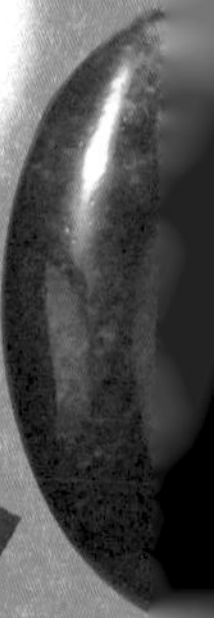

4

アクを取り、1のまいたけ、長ねぎ、せり、2を入れてひと煮立ちさせる。

※お好みで白ごまをふっても

1

鶏もも肉を食べやすく切る。まいたけは小房にわけ、長ねぎは斜め薄切り、せりはざく切り、ごぼうはささがきにして水にさらす。

長ねぎ1/3本

まいたけ80g

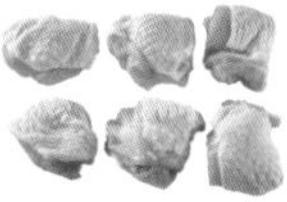

鶏もも肉120g

ごぼう1/3本

せり１株

\ Point /

ごはんは冷凍ごはんを温めたものがまとまりやすくおすすめです。ラップで巻いてぎゅっと固めて焼くと◎。

野菜がとにかく食べやすい
彩り根菜しりしり鍋

2人分 | 調理時間:20分

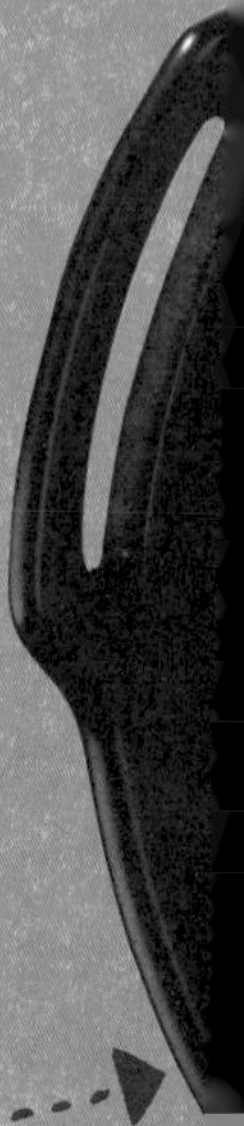

材料*memo*

- 豚ばら肉（薄切り）…… 160g
- 彩の根菜（紅芯大根、大根、にんじん、かぶなど）…… 200g
- 豆苗 …… 1/2株
- 顆粒だし …… 小さじ1
- 炒りこ粉末 …… 小さじ1
- 水 …… 2カップ
- 赤だしみそ …… 60g
- しょうが（すりおろし）…… 1かけ
- 塩 …… 少々

1 根菜を粗めのすりおろし器で太めの千切り（しりしり）にする。

彩の根菜（紅芯大根、大根、にんじん、かぶなど）200g

2 鍋に水と顆粒だし、炒りこ粉末を入れて強火にかける。

水2カップ

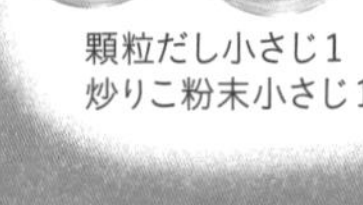

顆粒だし小さじ1
炒りこ粉末小さじ1

Point

根菜はチーズおろし器やピーラーを使うと簡単にしりしりになります。

3

豚ばら肉を食べやすい大きさに切る。

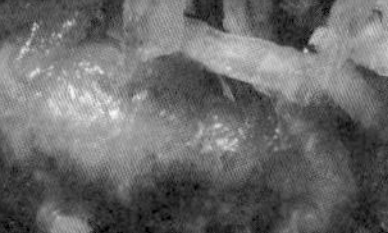

豚ばら肉（薄切り）160g

4

2の鍋に赤だしみそ、しょうがを入れ、3の豚ばら肉、1の根菜、ざく切りの豆苗を加えてアクを取りながら煮る。塩で味を整える。

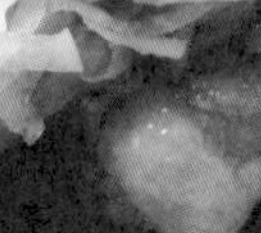

赤だしみそ60g

しょうが1かけ

豆苗1/2株

※塩少々

柑橘系の香りに箸が進む

鶏肉と大根のゆず塩鍋

2人分 | 調理時間:20分

材料memo

- 鶏もも肉 …… 1枚
- 大根 …… 150g
- 新玉ねぎ（または玉ねぎ）…… 1/2個
- 青ゆず …… 1個
- 水 …… 2カップ
- 昆布 …… 5cm
- しょうが（皮つき）…… 1かけ
- 酒 …… 50ml
- 塩 …… 小さじ1/3
- ゆずこしょう、ポン酢など …… 適量

2 新玉ねぎは1cmの櫛切りに、青ゆずは輪切りにする。

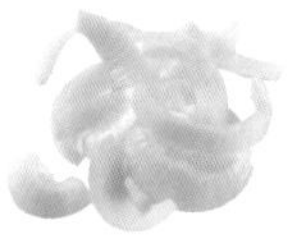

新玉ねぎ1/2個

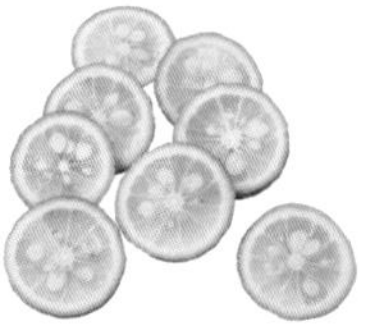

青ゆず1個

3 鍋に油（分量外）をひいて中火にかけ、1の鶏もも肉を皮目からこんがりと焼きつけ、面を返して色よく焼き、取り出しておく。

4 土鍋に水と昆布、しょうが、酒を入れて強火で加熱し、沸騰前に昆布を取り出す。

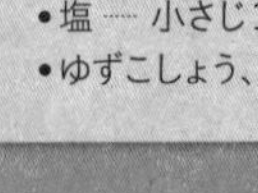

水2カップ

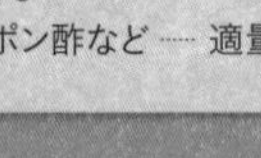

昆布5cm

しょうが1かけ

酒50ml

5 3と2の新玉ねぎ、1の大根を加えて火を通す。玉ねぎが透き通ったら塩を加え、2の青ゆずをのせて温める。

塩小さじ1/3

6 お好みでゆずこしょう、ポン酢などをつけていただく。

※ゆずこしょう、ポン酢適量

1 鶏もも肉は余分な脂をとり、大きめの一口大に切る。大根はいちょう切りか短冊の薄切りにする。

大根150g

鶏もも肉１枚

\ Point /
ゆずのかわりにかぼすやすだち、あればシークワーサーやへべすもおすすめ。シメは稲庭うどんが好相性。

コトコト煮なくても！旨味が出せる

即席おでん

2人分｜調理時間:20分

材料*memo*

- 大根 …… 100g
（下ゆでして柔らかくしておく）
- さつまあげ …… 2枚
- 焼き竹輪 …… 1本
- むすび白滝 …… 4個
- ミニトマト …… 4個
- 水 …… 2カップ
- しょうゆ、みりん …… 各大さじ1/2
- みつば …… ひとつまみ
- とろろ昆布 …… 適量

＼Point／

とろろ昆布は食べる直前にひとつまみずつ、その都度入れるとよりおいしく味わえます。

1 土鍋に水を入れて中火にかけ、沸騰したらしょうゆ、みりんを入れて火を止める。

水2カップ

しょうゆ大さじ1/2
みりん大さじ1/2

2 大根は厚めに（大きければ半月切り）、さつまあげは大きければ半分に、焼き竹輪は食べやすく斜めに切る。

大根100g

さつまあげ2枚

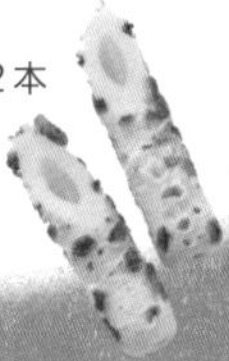

焼き竹輪2本

3 2の具材とむすび白滝を鍋に入れて中火にかけ、ひと煮立ちしたらミニトマトを加える。

むすび白滝4個

ミニトマト4個

4 器に盛り、みつばの葉、とろろ昆布を盛る。

みつば
ひとつまみ

※とろろ昆布適量

野菜をたっぷり食べられる
千切り野菜のしゃぶしゃぶ

2人分｜調理時間:20分

材料*memo*

- にんじん …… 1/2本
- 長ねぎ …… 1/4本
- レタス …… 1/4玉
- しょうが …… 30g
- みょうが …… 2本
- 豚肉（しゃぶしゃぶ用）…… 250g
- 昆布 …… 5cm
- 水 …… 3カップ

*たれ
- ポン酢＋ごま油 …… 適量

1 にんじん、長ねぎ、しょうが、みょうがは千切りにする。レタスは太めの千切りにする。

にんじん1/2本
長ねぎ1/4本
しょうが30g
みょうが2本

レタス1/4玉

2 鍋に昆布と水を入れて中火で煮立たせ、沸騰直前に昆布を取り出す。

水3カップ

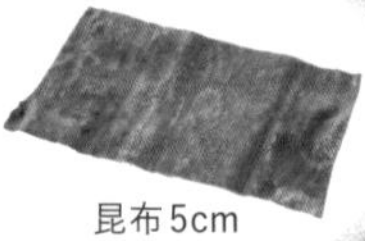

昆布5cm

\ Point /

野菜は大根や水菜など何でもOK。冷蔵庫のあまり野菜を活用して。ごぼうを使うとだしが出て一味ちがう味わいに。

3

豚肉（しゃぶしゃぶ用）250g

※ポン酢、ごま油適量

1の野菜と豚肉を湯がきながら、しょうがとみょうがをくるみ、ポン酢とごま油を合わせたたれにつけていただく。

具はシンプルでも味わい深い

塩豚と豆苗の鍋

2人分｜調理時間:10分

材料memo

- 塩豚（厚めの豚ばらスライスに岩塩をまぶして一晩おいたもの）…… 200g
- 豆苗 …… 1パック
- 水 …… 2カップ
- 酒 …… 大さじ2
- しょうが（千切り）…… 1かけ
- 昆布 …… 5cm
- ナンプラー …… 大さじ1
- 唐辛子（輪切り）…… 適量

*たれ

- 塩麹＋ごま油 …… 適量

1 塩豚は食べ良く切る。豆苗は根元を切り落として半分の長さに切る。

塩豚200g

豆苗1パック

Point

豆苗はさっとくぐらせ、シャキシャキ感が失われないうちに口にして。豆苗のかわりにかいわれでも。たれはポン酢、食べるラー油もおすすめ。

2 鍋に水を沸かし、酒、しょうがを入れ、昆布を入れて中火で温める。沸騰直前に昆布を取り出す。

水2カップ

酒大さじ2

しょうが1かけ

昆布5cm

3 中火のままナンプラー、唐辛子を加え、1の塩豚と豆苗を入れ火を通す。

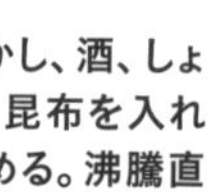

ナンプラー大さじ1
※唐辛子適量

4 塩麹とごま油を合わせたたれをつけながらいただく。

※塩麹、ごま油適量

骨つき肉のエキスを味わいつくす

かんたん参鶏湯風

2人分｜調理時間:40分

材料memo

- 骨つき鶏もも肉 …… 300g
- ごぼう …… 1/2本
- もち麦 …… 大さじ2
- A
  - 乾燥なつめ（あれば）…… 2個
  - クコの実 …… 小さじ1
  - にんにく …… 1かけ
  - しょうが（薄切り）…… 1枚
  - 長ねぎ（青い部分）…… 4cm
- 水 …… 3カップ
- 塩、こしょう …… 適量
- 白髪ねぎ …… 4cm分

1

鶏肉は水気をふく。ごぼうは皮をこそぎ斜め薄切りにして水（分量外）にさらす。もち麦は洗って水気をきる。

骨つき鶏もも肉300g

ごぼう1/2本

もち麦大さじ2

2

鍋に水、A、1の鶏肉、ごぼう、もち麦を入れて中火にかけ、沸騰させる。

水3カップ

にんにく1かけ

しょうが1枚

クコの実小さじ1

乾燥なつめ2個

長ねぎ（青い部分）4cm

A

—アクを取りながら弱火で30分—

3

塩、こしょうで味を調えて、仕上げに白髪ねぎをのせても。

※塩、こしょう適量

＼Point／
骨つきの手羽元でも作れます。シメはごはんを入れておじやに。

まろやかなコクの
魚介のココナッツミルク鍋

2人分 | 調理時間:20分

材料*memo*

- エビ …… 4尾
- タラ …… 2切れ
- アサリ（砂抜き済み） …… 6~8個
- ピーマン …… 小2個
- かぼちゃ …… 1/8個
- オリーブオイル …… 大さじ1
- にんにく（みじん切り） …… 1かけ
- 唐辛子（種を取る） …… 1本
- トマトペースト …… 大さじ1/2
- ココナッツミルク …… 1カップ
- 塩 …… 適量
- レモンまたはライム …… 2切れ

1

エビは背わたを取り、タラは食べやすく切る。ピーマンは2cmの角切り、かぼちゃは薄くいちょう切りにする。

エビ4尾

ピーマン小2個

かぼちゃ1/8個

タラ2切れ

2

鍋にオリーブオイルを入れて中火にかけ、にんにく、唐辛子を入れ、香りがたったらトマトペーストを加えてさっと炒める。

オリーブオイル
大さじ1

にんにく1かけ

唐辛子1本

トマトペースト大さじ1/2

＼Point／
余ったスープにカレー粉を少量入れて、味変も楽しめます。

3

ココナッツミルクを同量の水（分量外）で溶いて鍋に入れ、1のかぼちゃとエビ、アサリ、タラを加えてひと煮立ちし、1のピーマンを加える。塩で調味する。

ココナッツミルク1カップ

アサリ6~8個
※塩適量

4

アサリがひらいたら器に盛りつけ、レモンやライムを添える。

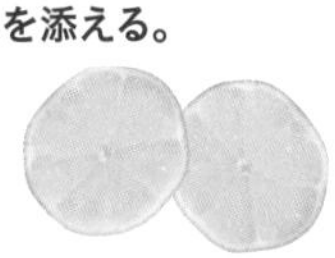

レモンまたはライム2切れ

花山椒＆パクチーが決め手

エスニック風鶏団子鍋

2人分｜調理時間:20分

材料*memo*

- 鶏挽き肉 …… 200g
- 花山椒（ホワジャオ）…… 小さじ1/2
- Ⓐ
  - 玉ねぎ（みじん切り）…… 1/4個
  - 塩…小さじ1/2
  - ナンプラー …… 小さじ1
  - 片栗粉 …… 大さじ1
- チンゲンサイ …… 1株
- パクチー …… 1枝
- 水 …… 3カップ
- 黒酢、豆板醤、白ごま、ゆずこしょうなど …… 適量

＼Point／
シメは春雨がおすすめ。花山椒がないときは粉山椒でもOK。肉団子にパクチーを練り入れて、パクチー団子にしても。

2 チンゲンサイ、パクチーは食べ良く切り分ける。

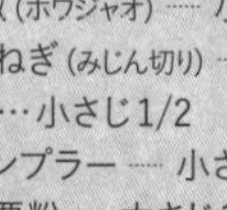
チンゲンサイ1株

パクチー1枝

3 鍋に水を入れて中火にかけ、沸騰したらスプーンで1を6個くらいに分け入れる。

水3カップ

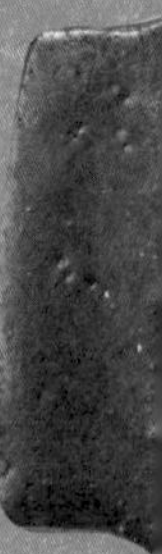

4 アクを取り、再び沸いたら2のチンゲンサイを入れ、茎が柔らかくなるまで火を通す。

5 2のパクチーものせてさっとゆがきながら黒酢、豆板醤などをつけていただく。

※黒酢、豆板醤、白ごま、ゆずこしょうなど適量

1

ボウルに鶏挽き肉、刻んだ花山椒、Ⓐを練り合わせておく。

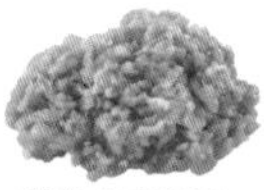
鶏挽き肉200g

花山椒小さじ1/2

塩小さじ1/2

玉ねぎ1/4個

ナンプラー小さじ1

片栗粉大さじ1

Ⓐ

ラム肉でさっぱりヘルシーに

トマト入り火鍋

2人分 | 調理時間:30分

材料*memo*

- ラム肉（薄切り）…… 200g
- むきエビ …… 200g
- トマト …… 大1個
- 長ねぎ …… 1/3本
- Ⓐ 片栗粉 …… 小さじ2
  塩 …… 小さじ1/4
  しょうが汁 …… 大さじ1
- 水 …… 3カップ
- 鶏がらスープ顆粒 …… 大さじ1
- オイスターソース …… 大さじ2
- 唐辛子 …… 1本（種を取る）
- 乾燥なつめ（あれば）…… 2~3個
- 花山椒（ホール）…… 小さじ1
- にんにく …… 1かけ
- しょうが（薄切り）…… 1かけ
- 塩 …… 適量

*たれ

- パクチー（みじん切り）＋ごま油＋岩塩 …… 適量

1

むきエビはたたいてAと混ぜる。トマトは櫛形切り、長ねぎはぶつ切り、にんにくはつぶす。

むきエビ200g

Ⓐ

片栗粉小さじ2

塩小さじ1/4
しょうが汁大さじ1

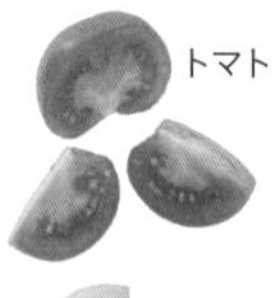

トマト大1個

長ねぎ1/3本

にんにく1かけ

2

鍋に水、鶏がらスープ顆粒、オイスターソース、唐辛子、なつめ、しょうが、花山椒、1のにんにく、長ねぎ、トマトを入れ、中火で煮る。

水3カップ

鶏がらスープ顆粒小さじ1
オイスターソース大さじ2

花山椒小さじ1

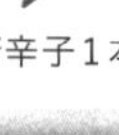

唐辛子1本

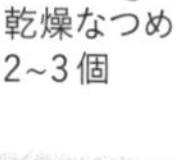

乾燥なつめ
2~3個

しょうが1かけ

＼Point／
シメは別ゆでした中華麺をひたして、つけ麺風にいただくのがおすすめ。

3

長ねぎ、トマトが柔らかくなったら、1のエビをひとつずつ鍋に入れ、ラム肉を加えてひと煮立ちさせる。アクを取り塩で調味する。

ラム肉（薄切り）200g

※塩適量

4

たれにつけていただく。

※パクチー（みじん切り）、ごま油、岩塩適量

えのきのプチプチ感がアクセントに

挽き肉とザーサイの麻辣鍋

2人分｜調理時間:15分

材料*memo*

- 豚挽き肉 …… 100g
- ザーサイ（瓶詰）…… 30g
- えのき …… 1/3株
- 干ししいたけ …… 2枚
- Ⓐ
  - しょうが（みじん切り）…… 1かけ
  - にんにく（みじん切り）…… 1かけ
  - 紹興酒 …… 大さじ2
  - しょうゆ …… 大さじ1
  - 塩 …… 適量
- あさつき（小口切り）…… 1本分
- ラー油 …… 適量

＼Point／

水で溶いた片栗粉でとろみをつけ、ごはんにかけると中華丼風に。卵でとじて、中華卵とじ風にしても。

1

2カップのぬるま湯（分量外）で干ししいたけを戻しておく。ザーサイは粗くきざむ。えのきは石づきを取り長さを半分に切り、戻した干ししいたけは薄切りにする。戻し汁は捨てずに取っておく。

※戻し汁は3で2カップ使用

干ししいたけ2枚

ザーサイ30g

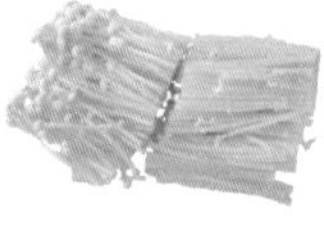
えのき1/3株

2

鍋に油（分量外）をひいて中火にかけ、挽き肉を炒める。

豚挽き肉100g

3

2に1の干ししいたけと戻し汁2カップ、ザーサイ、Aを入れてひと煮立ちする。

A

しょうが1かけ

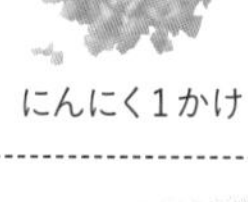
にんにく1かけ

紹興酒大さじ2

しょうゆ大さじ1
※塩適量

4

1のえのきを加えてあさつきをちらし、ラー油をかける。

あさつき1本

※ラー油適量

映えて、具材たっぷり
白いワンカラー鍋

2人分 | 調理時間:20分

材料*memo*

- えのき …… 1/2株
- 長ねぎ …… 1/4本
- カリフラワー …… 1/8株
- 絹豆腐 …… 150g
- 豚ばら肉(薄切り) …… 250g
- 水 …… 1カップ
- 豆乳 …… 1カップ
- 鶏がら顆粒だし …… 小さじ1
- ピンクペッパー …… 適量

1

えのきは石づきをとり半分の長さに切る。長ねぎは縦に薄切りにする。カリフラワーは食べやすい小房に切り厚さ5㎜の薄切りにする。

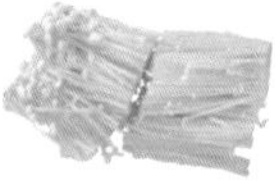

えのき1/2株

長ねぎ1/4本

カリフラワー
1/8株

2

絹豆腐は水気をきっておく。豚ばら肉は食べやすく切る。

絹豆腐150g

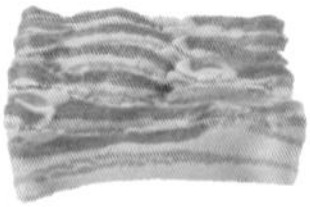

豚ばら肉(薄切り)
250g

3

鍋に水を入れ、中火にかける。温まったら顆粒だしを加え、2の豆腐をスプーンですくい入れ、1のカリフラワー、2の豚肉を入れる。

水
1カップ

鶏がら顆粒だし
小さじ1

4

豆乳、1のえのきと長ね
ぎを加えて火が通っ
ら火を弱め、ピンクペッ
パーを手でつぶしなが
全体にかける。

＼Point／

豆乳を加えたら、沸騰させすぎる前に火を弱めて、分離を防いで。

豆乳1カップ

ピンクペッパー適量

～使える便利食材～

ピンクペッパー Column

黒こしょうより柔らかく、手でつぶすだけでランダムに砕けてくれます。色合いもきれいなので、かけるだけでお料理が華やかに。辛みは黒こしょうよりマイルドで香りが立つのでチョコレートやクッキー、バニラアイスなどのスイーツとも好相性。

とろとろのかぶに肉の旨味がしみる
かぶと豚ばらの煮込み

2人分 | 調理時間:20分

材料memo

- かぶ …… 2個
- 豚ばら肉 …… 80g
- コンソメ顆粒 …… 小さじ1
- 塩 …… 適量
- 水 …… 350ml
- みつば(ざく切り) …… 適量

1

かぶは皮をむき櫛形に切る。豚ばら肉は食べやすい大きさに切る。

かぶ2個

豚ばら肉80g

2

鍋にサラダ油(分量外)を少量ひいて中火にかけ、低温のうちに1の豚肉を入れ焼きつける。肉の色が変わったら1のかぶを入れ、焼き色がつくまで油をなじませる。

3

2に水を加え、鍋底の焦げをこそげ取るように混ぜ、中火で煮てコンソメ顆粒を加える。かぶが柔らかくなったら塩で味を調える。

水350ml

コンソメ顆粒小さじ1
※塩適量

\ Point /

水を加える前に少し焼き色をつけるのがポイント。このとき焦げついた部分に旨味があるので、こそげるように混ぜて煮汁に溶け込ませて。

4

ざく切りにしたみつばをちらして完成。

※みつば適量

鶏手羽のコラーゲンも飲みきれる

鶏とれんこんのとろみスープ

2人分｜調理時間:20分

材料*memo*

- 鶏手羽先 …… 4本
- れんこん …… 300g
- しょうが（薄切り）…… 2枚
- 塩 …… 適量
- 水 …… 4カップ
- 粗挽きこしょう …… 適量

1 手羽先に塩を少しまぶし、よくもみこむ。

※塩適量

鶏手羽先4本

＼Point／

水を入れる前に鶏手羽先とれんこんを焼きつけることで旨味がアップ。れんこんをおろして入れることでとろみがつきます。

2

れんこんをよく洗い皮をむく。半量をすりおろし、残りは乱切りにする。

れんこん300g

3

鍋にサラダ油（分量外）をひいて中火にかけ、1の手羽先を入れて全体に焼き色がつくまで焼く。2の乱切りしたれんこんを加えて油をなじませる。

4

水、しょうがを入れふたをして、乱切りにしたれんこんがやわらかくなるまで中弱火で煮込む。

水4カップ

しょうが2枚

5

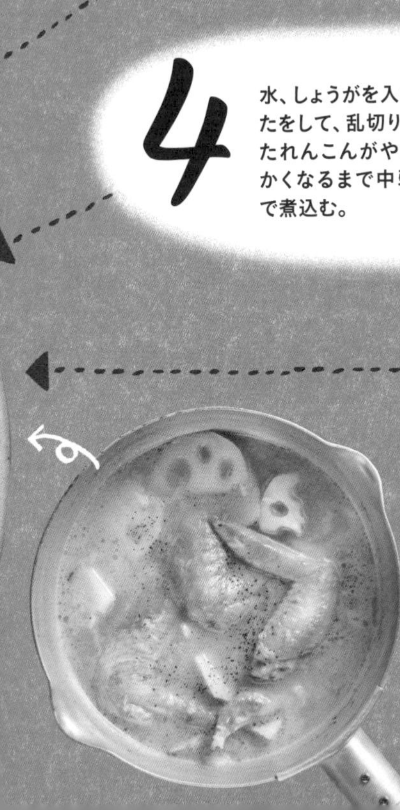

2ですりおろしたれんこんを加え、とろみが出たら塩を加えて味を調え、粗挽きこしょうをふる。

※塩、粗挽きこしょう適量

味が即決！黄金コンビ

高菜×豚肉のスープ

2人分｜調理時間:10分

材料*memo*

- 豚ばら肉（薄切り）…… 100g
- 高菜漬け（みじん切り）…… 大さじ3
- ごま油 …… 適量
- オイスターソース …… 小さじ1
- 水 …… 2カップ
- 塩、粗挽きこしょう …… 適量
- 白ごま …… 少々
- あさつき（小口切り）…… 2本

1

豚ばら肉を食べやすい大きさに切る。

豚ばら肉（薄切り）
100g

2

鍋を中火で熱してごま油をひき、1の豚ばら肉を色よく焼きつける。

※ごま油適量

3

高菜を加えて炒め、なじんだら水、オイスターソースを加える。

高菜
大さじ3

水
2カップ

オイスターソース
小さじ1

―中火で5分―

＼Point／
高菜のだしと塩気で味が調う味付けが手軽な一品。シメにごはんと卵を入れて中華粥風にしても。

4 塩で味を調えて、粗挽きこしょう、白ごまをふり、あさつきをちらす。

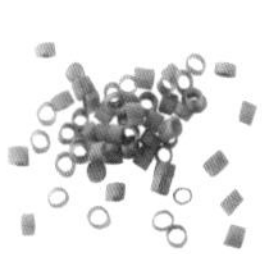

※塩、粗挽きこしょう
適量

白ごま
少々

あさつき
2本

大満足のおかずスープ

大根と鶏肉のスープ

2人分｜調理時間:25分

材料*memo*

- 大根（太いところ）…… 5cm
- 鶏もも肉 …… 1枚
- にんにく（みじん切り）…… 1かけ
- 水 …… 3カップ半
- 粉チーズ …… 適量
- 塩、粗挽きこしょう …… 適量
- あさつき（小口切り）…… 1本

1 大根は5mmの薄さの半月に切る。鶏もも肉は余分な脂をとって1.5cm幅に切る。

鶏もも肉1枚

大根5cm

2

にんにく1かけ

鍋に油（分量外）を入れて中火にかけ、1の鶏もも肉を入れて色よく焼きつける。色が変わったらにんにく、1の大根を加えて炒める。

3 焼き色がついたら水を加え、アクを取りながら20分煮る。

水3カップ半

4 塩で味を調えて器に盛り、粉チーズ、粗挽きこしょう、あさつきをかける。

※塩、粉チーズ、粗挽きこしょう適量

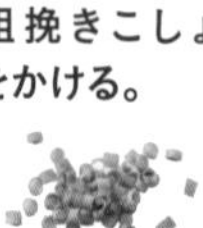
あさつき1本

なめことオクラが時短に活躍！
ねばねば具だくさんスープ

2人分 | 調理時間:10分

材料*memo*

- 長いも …… 80g
- オクラ …… 2本
- なめこ …… 40g
- 水 …… 1カップ半
- かつお顆粒だし …… 小さじ1
- 塩、しょうゆ …… 少々

1 長いもは千切り、オクラは輪切り。なめこはさっと洗う。

長いも80g　オクラ2本　なめこ40g

2 鍋に水を入れて強火にかけ、沸騰させる。かつお顆粒だしを入れ、1をすべて入れてひと煮立ちする。

水1カップ半
かつお顆粒だし小さじ1

3 塩、しょうゆで味を調える。

※塩、しょうゆ少々

＼Point／
めかぶを入れてもOK。みそを溶き入れてみそ汁にしても。

夏におすすめ！食が進む

なすと梅干しのスープ

2人分｜調理時間:15分

材料*memo*

- なす …… 1本
- 梅干し …… 2個
- かつおだし汁 …… 2カップ半
- しょうゆ …… 小さじ1
- みりん …… 小さじ1
- 塩 …… 適量
- お好みのオイル（えごま油、亜麻仁油、サラダ油など香りがやさしいオイル） …… 適量
- あさつき …… 1本

3 鍋にだし汁を入れて中火で温め、しょうゆ、みりん、1のなすを加える。

—中火で7~8分煮る—

しょうゆ小さじ1
みりん小さじ1
かつおだし汁2カップ半

4 梅干しを加えて1分煮て、塩で味を調える。

梅干し2個　※塩適量

5 皿に盛りつけて2のあさつきを盛り、オイルをかける。

※お好みのオイル適量

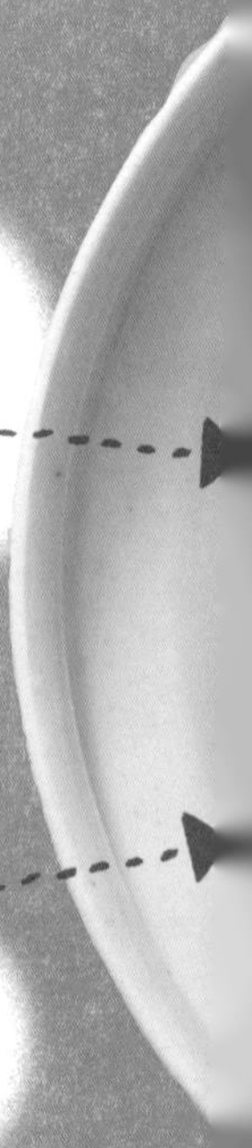

1 なすはヘタをとり、ピーラーなどで皮をむき5mm厚さの輪切りにして水にさらす。

なす１本

2 あさつきは長めの斜め小口切りにして、水にさらして「くるん」となったらざるにあげる。

あさつき１本

＼あると嬉しい！／

背のび調味料
白ごま油

ごま油と違って主張が強すぎず、上品に香ります。野菜の風味を楽しむ料理やカルパッチョなどにも。

海の香りを堪能できる

青さのりのさっと煮スープ

2人分 | 調理時間:10分

材料memo

- 絹豆腐 …… 200g
- 青さのり …… ひとつまみ
- かつおだし汁 …… 2カップ
- 塩、しょうゆ …… 適量
- しょうが (千切り) …… 少々

\ Point /

青さのりは色が悪くなるので、さっとひと煮立ちで火からおろして。

1 豆腐を食べやすい大きさに切る。

絹豆腐200g

2 鍋にだし汁を入れて中火にかけ、煮立ったら1の豆腐をそっと入れてひと煮立ちする。

かつおだし汁2カップ

3 塩、しょうゆで味を調えて青さのりを加え、さっと火を通す。

青さのり
ひとつまみ

※塩、しょうゆ適量

4 器に盛りつけてしょうがをのせる。

しょうが少々

余った白菜も大量消費
干し白菜のスープ

2人分｜調理時間:10分（下処理時間を除く）

材料 *memo*

- 白菜 …… 1/8株
- しょうが (千切り) …… 1かけ
- 水 …… 2カップ半
- 塩 …… 適量
- 白ごま油 …… 大さじ1
- 粗挽きこしょう …… 適量

1 白菜を1枚ずつはがし、ザルなどに広げて1日干す。

白菜1/8株

2 1の白菜を半分に切り、芯は縦に細切りにして、葉先は2~3等分に縦に切る。しょうがはごく細い千切りに。

しょうが1かけ

3 鍋に油 (分量外) をひき、2の白菜の芯を炒め、2のしょうがを加えてさっと混ぜ、水を加える。

水2カップ半

—ふたをして中火で8分煮る—

4 2の白菜の葉先と塩を加えて火を通す。

※塩適量

5 器に盛り、仕上げに白ごま油と粗挽きこしょうをふる。

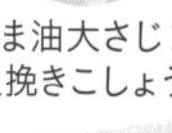

白ごま油大さじ1
※粗挽きこしょう適量

＼Point／
白菜は天日干しすると、水分がぬけサクッとした歯ごたえに変わります。

具だくさんでヘルシー！

春雨と鶏肉のスープ

2人分｜調理時間:10分

材料*memo*

- 鶏もも肉……1枚
- しめじ……100g
- キャベツ……1/8個
- 春雨……20g（水で戻しておく）
- にんにく（みじん切り）……1かけ
- しょうが（みじん切り）……1かけ
- 水……2カップ半
- しょうゆ……小さじ1
- 塩……適量
- 粗挽きこしょう……適量

2

鍋に油（分量外）をひいて中火にかけ、1の鶏もも肉を皮目から入れて焼き色をつける。にんにく、しょうがを加えて炒める。

にんにく1かけ

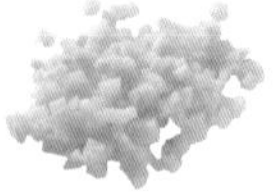

しょうが1かけ

3

水、1のキャベツとしめじを加えてひと煮立ちしたら春雨を入れ、しょうゆ、塩で味を調える。

水2カップ半

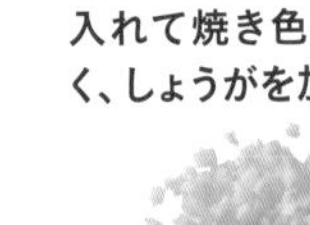

春雨20g

しょうゆ小さじ1
※塩適量

4

火を止めて器に盛りつけ、粗挽きこしょうをふりかける。

※粗挽きこしょう適量

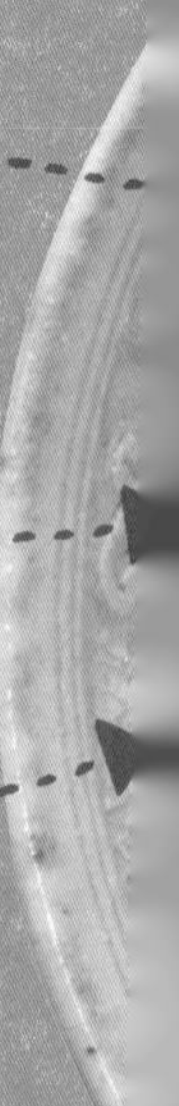

1

鶏もも肉は余分な脂を取り1cm幅に切る。しめじは小房にわけ、キャベツは一口サイズに切る。

鶏もも肉1枚

しめじ100g

キャベツ1/8個

\ Point /

春雨の量を調整することでスープにもヘルシーな主食にもなります。戻さなくても使える春雨の場合はスープができてから最後に入れて。

子どもも大人も大好きな味

まろやかこくマヨ豚汁

2人分 | 調理時間:10分

材料*memo*

- 豚ばら肉 …… 100g
- にんじん …… 1/3本
- 大根 …… 30g
- ごぼう …… 1/3本
- あぶらあげ（南関揚げ） …… 10cm程度
- ごま油 …… 大さじ1
- だし汁 …… 3カップ（顆粒だし小さじ1と水3カップ）
- マヨネーズ …… 大さじ2
- みそ …… 大さじ1
- あさつき …… 1本
- 黒ごま、七味 …… 適量

1 豚ばら肉は一口大に切り、にんじん、大根は食べやすく小さめに切る。ごぼうは斜め薄切りにして水にさらす。あさつきは斜め薄切り。

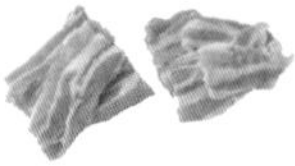
豚ばら肉100g

にんじん1/3本

大根30g

ごぼう1/3本

あさつき1本

2 油揚げは熱湯で油切りして短冊に切っておく（南関揚げはそのまま食べ良くちぎる）。

あぶらあげ（南関揚げ）
10cm程度

3 鍋にごま油をひいて中火にかけ、1の豚肉を炒め、1の根菜も炒め合わせる。だし汁を入れ柔らかくなるまで煮る。

ごま油大さじ1

だし汁3カップ

＼Point／
マヨネーズのコクが豚の旨味と溶け合い、おかずのような満足感があります。

4
2の油揚げを加え、ひと煮立ちしたらみそとマヨネーズを溶いたものを加え混ぜる。

みそ大さじ1

マヨネーズ大さじ2

5
火を止めて1のあさつき、黒ごま、七味をちらす。

※黒ごま、七味適量

焦がしバターの風味が広がる
サバとキャベツの香ばしスープ

2人分｜調理時間:15分

材料memo

- サバ缶 …… 1缶
- キャベツ …… 1/8個
- にんにく（みじん切り） …… 1/2かけ
- バター …… 10g
- 水 …… 2カップ
- 粗挽きこしょう …… 適量
- レモン（輪切り） …… 2枚
- 大葉（千切り） …… 2枚
- 塩麹 …… 小さじ2
- オリーブオイル …… 適量

1 サバ缶は水気をきっておく。キャベツはざく切りに。

サバ缶1缶

キャベツ1/8個

2 鍋にバターを入れて中火にかけ、1のサバの断面をカリッと焼きつける。1のキャベツ、みじん切りにしたにんにくを入れて大きく混ぜ、なじませたら水を入れる。

バター10g

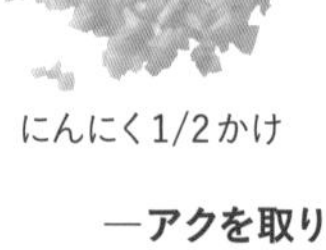

にんにく1/2かけ

水2カップ

—アクを取りながら中弱火で5分—

\ Point /

大葉、レモンでさっぱり感をプラス。サバ缶は崩しすぎないようにするとボリューム感が出ます。

3

キャベツが煮えたら器に盛り、粗挽きこしょう、レモン、大葉、塩麹をそえてオリーブオイルをまわしかける。

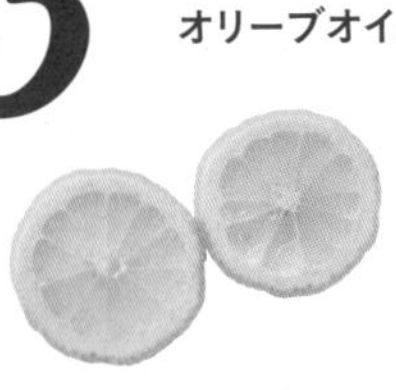

レモン（輪切り）2枚

大葉2枚

塩麹小さじ2

※粗挽きこしょう、
オリーブオイル適量

野菜のだし＆みそでリッチなコク

ミルキー和風牡蠣チャウダー

2人分｜調理時間:20分

材料*memo*

- 生牡蠣（加熱用）…… 150g
- にんじん …… 1/3本
- 玉ねぎ …… 1/4個
- れんこん …… 50g
- しいたけ …… 1枚
- バター …… 10g
- 水 …… 1カップ
- みそ …… 大さじ1/2
- 牛乳 …… 1カップ
- 塩、こしょう …… 適量
- パセリ …… 適量

\ Point /

別ゆでしたショートパスタをからめ、粉チーズをふってクリームパスタにしても。

1

生牡蠣はさっと水で洗い、水気をきる。にんじん、玉ねぎ、れんこん、石づきを取ったしいたけを角切りにする。

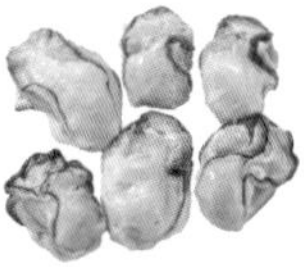

生牡蠣（加熱用）
150g

にんじん1/3本
玉ねぎ1/4個
れんこん50g
しいたけ1枚

2

鍋を中火にかけてバターを溶かし、1の牡蠣を焼きつけ取り出す。1の玉ねぎ、にんじん、れんこんを炒めて水と1のしいたけを入れ、ひと煮立ちさせる。

バター10g

水1カップ

—弱火で15分—

3

2で焼いた牡蠣、みそを溶いた牛乳を入れ、ひと煮立ちしたら塩、こしょうで味を調えて火を止める。お好みでパセリをちらしても。

みそ大さじ1/2

＋

牛乳1カップ

※塩、こしょう適量

※パセリ適量

根菜の味の深みを探究！

根菜たっぷり豚汁

2人分｜調理時間:15分

材料*memo*

- 豚ばら肉（薄切り）…… 100g
- こんにゃく …… 30g
- 大根 …… 30g
- にんじん …… 1/3本
- さといも …… 60g
- いんげん …… 2本
- 木綿豆腐 …… 30g
- ごま油 …… 大さじ1
- 水 …… 3カップ
- 顆粒だし …… 小さじ2
- みそ …… 大さじ3
- 青ねぎ（小口切り）…… 4cm
- 七味 …… 適量

1

豚ばら肉は食べやすい大きさに切り、大根、にんじんを3㎜の厚みの半月切りにする。いんげんは4等分。さといも、こんにゃくも大きさを合わせて切る。

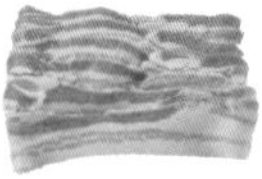
豚ばら肉（薄切り）100g

大根30g

にんじん1/3本

いんげん2本

さといも60g

こんにゃく30g

2

豆腐は2㎝角に切る。

木綿豆腐30g

3

鍋にごま油を入れて中火にかけ、1の豚ばら肉を焼きつける。いんげん以外の1の根菜、こんにゃくを入れ炒め合わせる。

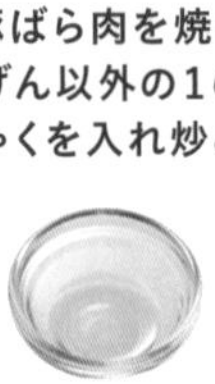
ごま油大さじ1

4

水に顆粒だしを溶いて3に加え、柔らかくなるまで煮る。

顆粒だし小さじ2

＋

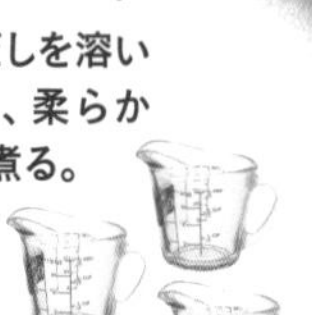
水3カップ

\ Point /

お好みでごぼうを足しても。いんげんは別ゆでして添えるだけにすれば、彩りになります。

5

2の豆腐、1のいんげんを加えてみそを溶く。味見をして薄ければみそを足す。

みそ大さじ3

6

仕上げに青ねぎ、七味をちらす。

青ねぎ4cm
※七味適量

桜エビのだしで手軽に作れる
桜エビとにんじんの生姜スープ

2人分｜調理時間:10分

材料*memo*

- にんじん …… 1/3本
- しょうが(千切り) …… 1かけ
- 桜エビ …… 大さじ1/2
- 白ごま油、えごま油など …… 適量
- 水 …… 1カップ半
- 塩 …… 適量
- 白ごま …… 適量

1 にんじん、しょうがは千切りにする。

にんじん1/3本
しょうが1かけ

2 鍋に油をひいて中火にかけ、桜エビを入れて香りが出たら1を入れ炒める。

桜エビ大さじ1/2

※白ごま油、
えごま油など適量

3 水を加えて塩で味を調える。最後に白ごまをふる。

水1カップ半　※塩適量

—中火で1分—

※白ごま適量

＼Point／

風邪などで体調が優れないときにもおすすめ。和洋中のどんな料理にも合います。酢をちょい足しして味変して。

コクのある甘さで温まる
コーンと卵のスープ

2人分 | 調理時間:10分

材料memo

- コーンクリーム缶 …… 1/3缶
- 卵 …… 1個
- 野菜顆粒だし …… 小さじ1
- 水 …… 2カップ
- 片栗粉 …… 大さじ1/2
- 塩、こしょう …… 適量
- パセリ(みじん切り) …… 適量

1 鍋に水、野菜顆粒だし、コーンクリーム缶を入れて中火にかける。

水2カップ

コーンクリーム缶1/3缶

野菜顆粒だし小さじ1

2 煮立ったら同量の水で溶いた片栗粉を混ぜ入れ、溶き卵を細く流し入れてかき混ぜる。

卵1個

片栗粉大さじ1/2
※同量の水で溶く

3 塩、こしょうで味を調え、パセリのみじん切りをふる。

※塩、こしょう適量　※パセリ適量

Point
野菜顆粒だしを鶏がらスープに変え、仕上げにごま油をたらすと中華風に。春雨を入れるのもおすすめ。

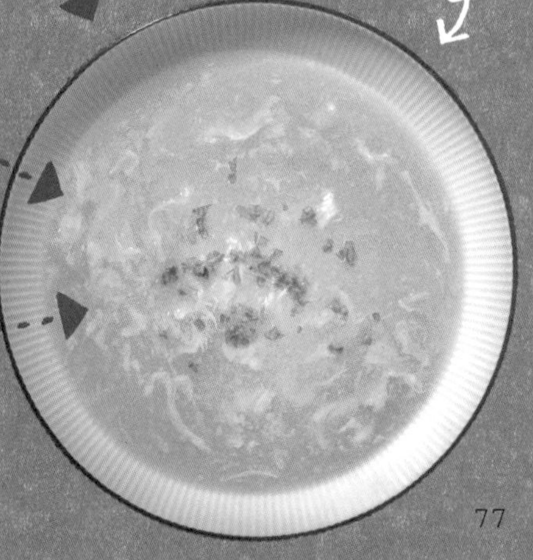

辛みが効いたエスニックな風味

挽き肉団子とかぶのスパイススープ

2人分｜調理時間:20分

材料*memo*

- 牛豚合い挽き肉 …… 250g
- かぶ …… 小2個
- エリンギ …… 大1本
- しょうが（すりおろし）…… 1かけ
- にんにく（すりおろし）…… 1/2かけ
- 片栗粉 …… 大さじ2
- 粗塩（または塩）…… 適量
- 水 …… 3カップ
- ターメリック、パプリカパウダー …… 各小さじ1（少量の水で溶いておく）
- ナンプラー …… 大さじ1
- パクチー …… 2枝

\ Point /

あればシラチャーソース、アリッサなどの辛味をかけて。ごはんを入れてエスニック雑炊にしても。

1

ボウルに合い挽き肉と片栗粉、粗塩、しょうが、にんにくを入れて練り合わせ、一口大の団子にする。

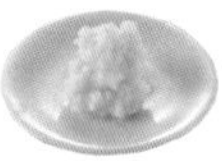

しょうが1かけ

牛豚合い挽き肉250g

片栗粉大さじ2

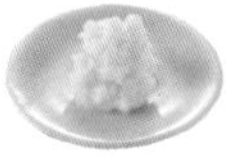

にんにく1/2かけ

※粗塩適量

2

かぶは皮をむいて、4つの櫛切りにする。エリンギは半分に切ってから4~6個に裂く。

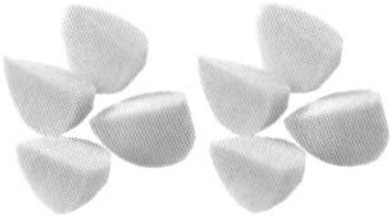

かぶ小2個

エリンギ大1本

3

鍋に水を入れて中火にかけ、2のかぶ、エリンギを入れてひと煮立ちしたらターメリックとパプリカパウダーを入れる。

水3カップ

ターメリック小さじ1

パプリカパウダー小さじ1

4

1の団子を静かに落とし入れ、ナンプラーを加える。

ナンプラー大さじ1

—アクを取りながら中火で5分—

5

かぶが煮えたら粗塩で味を調えて、ざく切りにしたパクチーをのせる。

※粗塩適量

パクチー2株

身体の芯から温まる

くるま麩の中華スープ

2人分 | 調理時間:15分

材料*memo*

- くるま麩（大）…… 1枚
- しいたけ …… 2枚
- ハム …… 1枚
- 長ねぎ …… 4cm
- ごま油 …… 大さじ1
- しょうゆ …… 大さじ1
- オイスターソース …… 大さじ1
- 水 …… 2カップ
- 塩 …… 適量
- 粗挽きこしょう …… 適量

1

くるま麩をぬるま湯（分量外）につけて戻す。しいたけは薄切り、ハムと長ねぎは細切り。

しいたけ2枚

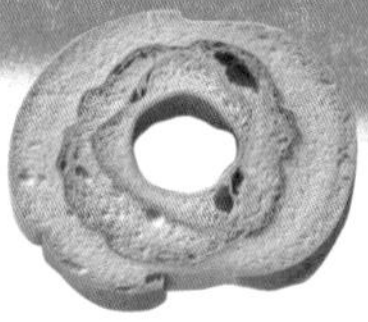
くるま麩1枚

長ねぎ4cm

ハム1枚

2

1のくるま麩をきつく絞って水気をきり、4等分に切る。鍋にごま油をひいて中火にかけ、くるま麩に焼き色をつけ取り出しておく。

ごま油大さじ1

3

2の鍋に水、しょうゆ、オイスターソース、1のしいたけ、ハム、2のくるま麩を入れて味を含ませるように煮る。水分が足りなかったら水を足す。

水2カップ

しょうゆ大さじ1
オイスターソース大さじ1

Point

くるま麩がスープをたっぷり吸い込むので一杯で満足感があります。夜食にも◎。

4

煮立ったら塩で味を調え、1の長ねぎを加えてさっと煮る。

※塩適量

5

仕上げに粗挽きこしょうをかける。

※粗挽きこしょう適量

もやしが主役級！

ピリ辛豆もやしの坦々スープ

2人分 | 調理時間:10分

材料*memo*

- 豆もやし …… 100g
- 豚挽き肉 …… 50g
- しいたけ …… 2枚
- 長ねぎ …… 1/4本
- ごま油 …… 大さじ1
- 水 …… 2カップ半
- 鶏がらスープ顆粒 …… 小さじ1
- ねりごま …… 小さじ2
- しょうゆ …… 大さじ1
- 豆板醤 …… 小さじ1
- 青ねぎ（小口切り）…… 1本

2 鍋にごま油をひいて中火にかけ、豚挽き肉と1の野菜、豆板醤を加えて炒める。

ごま油大さじ1

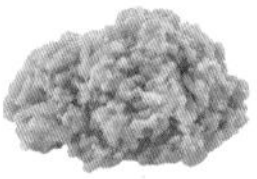
豚挽き肉50g

豆板醤小さじ1

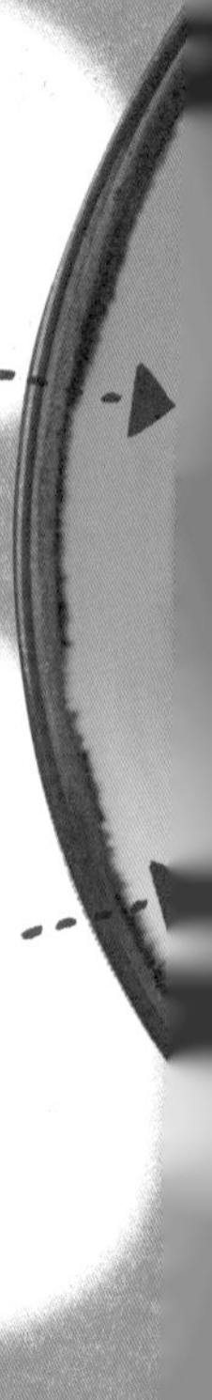

3 豆もやしを加えて油がなじんだら水を入れ、鶏がらスープ顆粒を入れてひと煮立ちさせる。

豆もやし100g

水2カップ半

鶏がらスープ顆粒
小さじ1

4 火を止めてねりごま、しょうゆで味をつけ、器に盛って、青ねぎをのせる。お好みでラー油をかけても。

ねりごま小さじ2

しょうゆ大さじ1

青ねぎ1本

1 しいたけは薄切り、
長ねぎは斜め薄切りに。

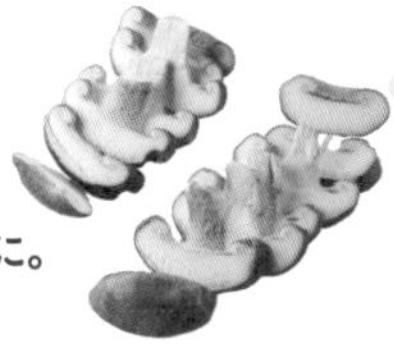

しいたけ2枚

長ねぎ1/4本

\ Point /

味付けを濃くして別ゆでした中華麺を加え、坦々麺風にしても。

うまピリ辛！

鶏肉としいたけの酸辣湯

2人分 | 調理時間:20分

材料*memo*

- 鶏もも肉 …… 1枚
- しいたけ …… 2個
- にら …… 1/4束
- ごま油 …… 大さじ1
- 水 …… 3カップ
- 鶏がらスープ顆粒 …… 小さじ1
- 酢 …… 大さじ2
- しょうゆ …… 大さじ1と1/2
- 塩 …… 適量
- あさつき …… 1本
- ラー油 …… 適量

＼Point／

別ゆでした中華麺と溶き卵を入れると、酸辣湯麺に。酢の量はお好みで調整を。

1

鶏もも肉は一口大に切る。しいたけは石づきをおとして薄切り。にらはざく切り、あさつきは小口切りに。

鶏もも肉1枚

しいたけ2個

にら1/4束

あさつき1本

2

鍋にごま油をひき、1の鶏もも肉を色よく焼きつける。1のしいたけ、にらを加えて香りがたつまで中火で炒め、水を加える。

―アクを取りながら
中火で15分―

ごま油大さじ1

水3カップ

3

鶏がらスープ顆粒、酢、しょうゆを加えてひと煮立ちさせ、塩で味を調える。

鶏がらスープ
顆粒小さじ1

酢大さじ2

しょうゆ大さじ1と1/2

※塩適量

4

器に盛りつけ、1のあさつき、ラー油をかける。

※ラー油適量

爽やかな酸味が決め手
鶏手羽元のエスニックスープ

2人分｜🕒調理時間:20分

材料*memo*

- 鶏手羽元 …… 6本
- まいたけ …… 80g
- トマト …… 小1個
- にんにく(みじん切り) …… 1/2かけ
- しょうが(みじん切り) …… 1かけ
- 水 …… 3カップ
- ナンプラー …… 大さじ1
- 塩 …… 適量
- あさつき …… 1枝

1 鶏手羽元は水気をふき、まいたけは小房にわける。トマトは櫛切りに6等分に切る。あさつきは小口切りに。

まいたけ80g

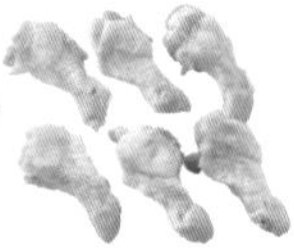
鶏手羽元6本

あさつき1枝

トマト小1個

2 鍋にサラダ油(分量外)をひいて中火にかけ、1の鶏手羽元を皮目から焼いて焼き色をつける。水、にんにく、しょうが、1のまいたけを入れてひと煮立ちさせる。

水3カップ

にんにく1/2かけ

しょうが1かけ

―中火で15分―

3 アクを取り、ナンプラー、1のトマト、塩を加えてひと煮立ちさせる。

ナンプラー大さじ1
※塩適量

＼Point／

別ゆでしたフォーを添えてエスニックつけ麺としても。まいたけをしめじやエリンギに変えてもおいしくいただけます。

4 器に盛り、1のあさつきをかける。お好みで粗挽きこしょうをかけても。

焦がし野菜の旨味だし
焼きレモンのすっぱスープ

2人分｜調理時間:10分

材料memo

- かぼちゃ …… 100g
- ベーコン …… 1枚（ハーフサイズは2枚）
- レモン …… 輪切り2枚
- 長ねぎ（小口切り） …… 4cm分
- 白ワイン …… 大さじ2
- 水 …… 300ml
- オリーブオイル …… 大さじ3
- 塩麹 …… 大さじ1
- 塩 …… 適量

2 鍋にオリーブオイルをひいて中火にかけ、1のベーコン、かぼちゃ、レモン、長ねぎを焼きつける。

オリーブオイル大さじ2

長ねぎ4cm

3 水、白ワインを入れてひと煮立ちさせる。

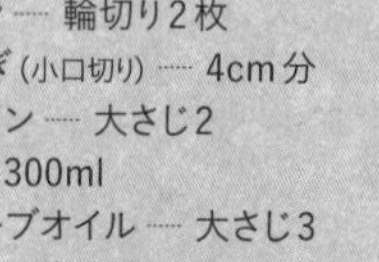
水300ml

白ワイン大さじ2

4 かぼちゃが柔らかくなったら塩麹を入れて混ぜる。味が薄ければ塩で調味する。器に盛りつけ、オリーブオイルをまわしかける。

塩麹大さじ1
※塩適量

オリーブオイル大さじ1

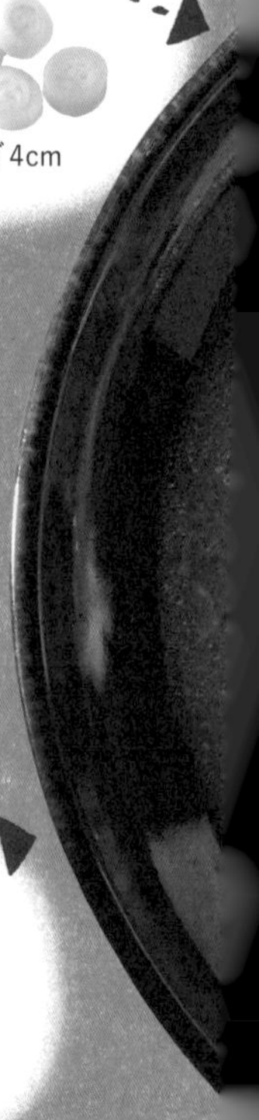

1 かぼちゃを5mm幅に切り、レモンは半月に切る。ベーコンは短冊に切る。

かぼちゃ100g

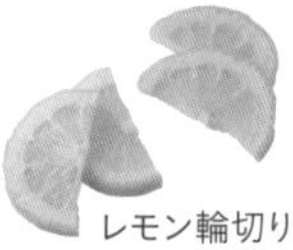

レモン輪切り2枚

ベーコン1枚

＼Point／

レモンを焼きつけることで酸味が丸くなり、甘さが出ます。皮もとろりとして丸ごとおいしくいただけます。

ゆず皮の酸味で食が進む

ホタテとカリフラワーの豆乳スープ

2人分｜調理時間:15分

材料*memo*

- ホタテ貝柱 …… 6個
- 長ねぎ …… 1/4本
- カリフラワー …… 100g
- バター …… 10g
- 小麦粉 …… 小さじ2
- 水 …… 1カップ
- 酒 …… 大さじ1
- 豆乳 …… 1カップ
- 塩、こしょう …… 適量
- ゆず皮 …… 適量

1 長ねぎは縦に薄切り。カリフラワーは小房に切り分けてから薄切りにする。

長ねぎ1/4本

カリフラワー100g

2 鍋にバターを入れ中火にかけて溶かし、1の長ねぎとカリフラワーを炒め、小麦粉を振り入れ焦がさないように炒める。

小麦粉小さじ2

バター10g

3 水、ホタテ、酒を加えて沸騰させる。

—ときどき混ぜながら中弱火で10分—

水1カップ

ホタテ貝柱6個

酒大さじ1

4 塩、こしょうで味を調え、豆乳を加えてひと煮立ちしたら火を止める。

※塩、こしょう適量

豆乳1カップ

Point

別ゆでしたショートパスタを絡め、粉チーズをまぶすと濃厚なクリームパスタに。スープにみそを足し、チーズを加えてリゾットにしても。

5 器に盛りゆず皮をのせる。

※ゆず皮適量

根菜をたっぷり食べられる

冬野菜のミネストローネ

2人分 | 調理時間:20分

材料*memo*

- かぶ …… 1個
- れんこん …… 50g
- さといも …… 50g
- 大根 …… 50g
- ベーコン …… 2枚
- にんにく（みじん切り） …… 1かけ
- オリーブオイル …… 大さじ1
- ホールトマト缶 …… 150g
- コンソメ顆粒 …… 小さじ1
- 水 …… 2カップ半
- 塩、こしょう …… 適量
- イタリアンパセリ …… 1枚

＼Point／

れんこんのシャキシャキ感、さといものねっとり感などさまざまな食感を楽しめます。寝かせると味に深みが出るので、2日目に食べるとよりおいしくなります。

1 かぶ、れんこん、さといも、大根とベーコンを1cmの角切りにする。

さといも50g

かぶ1個

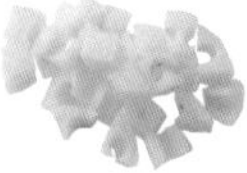

れんこん50g

大根50g

ベーコン2枚

2 鍋にオリーブオイルをひいて中火にかけ、にんにくを入れる。香りがたったら1のすべての野菜とベーコンを加えて炒める。

オリーブオイル大さじ1

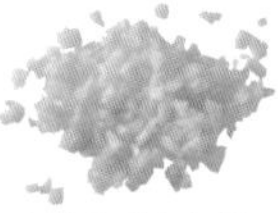

にんにく1かけ

3 水、コンソメ顆粒を加え、ホールトマト缶を入れて野菜が柔らかくなるまで煮込む。

コンソメ顆粒小さじ1

水2カップ半

ホールトマト缶150g

4 塩、こしょうで味を調えてイタリアンパセリを飾る。

イタリアンパセリ1枚

※塩、こしょう適量

やさしいコンソメ味が染みる
玉ねぎのまるごとスープ

2人分｜調理時間:40分

材料*memo*

- 新玉ねぎまたは普通の玉ねぎ（小ぶりのもの）…… 2個
- にんじん …… 1本
- ベーコン …… 2枚
- コンソメ顆粒 …… 小さじ1
- ローリエ …… 1枚
- 塩、こしょう …… 適量
- パセリ（みじん切り）…… 少々

＼Point／
玉ねぎに十字の切り込みを入れることで早く火が通ります。

1 玉ねぎの皮をむき、上下を切り落として上に十字に切り込みを入れる。

新玉ねぎ2個

2 にんじんは縦に4等分に。ベーコンは食べやすく切る。

ベーコン2枚

にんじん1本

3 鍋に2のベーコンを入れて焼きつける。脂が出たら1の玉ねぎ、2のにんじんを入れてひたひたになるまで水（分量外）を入れ、コンソメ顆粒、塩、こしょう、ローリエを入れて沸騰したら弱火にして柔らかくなるまで煮る。

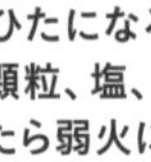

コンソメ顆粒小さじ1

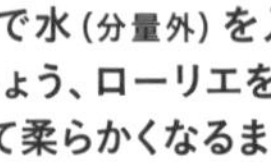

ローリエ1枚

※塩、こしょう適量

4 パセリをふりかけて完成。

※パセリ少々

小腹も満足のふわふわ食感
洋風かきたま汁

2人分｜調理時間:10分

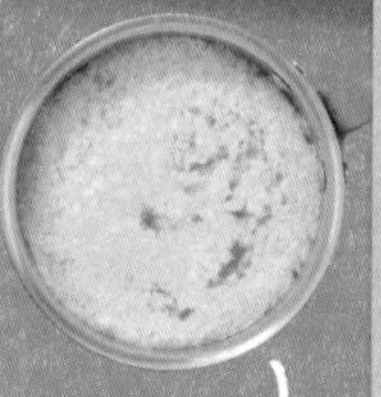

材料*memo*

- 卵……1個
- 粉チーズ……大さじ1
- パン粉（または片栗粉）……大さじ1
- 水……2カップ
- 野菜顆粒だし……小さじ1
- ディル……適量

＼Point／
パン粉を使うと食感がふわふわに。腹持ちの良いスープです。

1 ボウルに卵を割りほぐし、粉チーズ、パン粉を入れてかき混ぜる。

卵1個

粉チーズ大さじ1

パン粉大さじ1

2 鍋に水を入れて中火にかけ、沸騰したら顆粒だしを入れて1を少しずつ流し入れる。

水2カップ

野菜顆粒だし小さじ1

3 火を止めて器に盛り、ディルをちらす。

※ディル適量

甘いじゃがいもがあったら作りたい

じゃがいものニョッキスープ

2人分｜調理時間:20分

材料memo

- じゃがいも …… 130g
- しめじ …… 1/4株
- オリーブオイル …… 少々
- 小麦粉 …… 大さじ3
- 塩 …… 適量
- パルメザンチーズ …… 大さじ2
- 水 …… 3カップ
- 野菜顆粒だし …… 小さじ1
- パセリ（みじん切り）…… 適量

1 じゃがいもはよく洗い皮にぐるりと切り込みを入れてラップで巻き、電子レンジで4分半加熱して皮をむく。

じゃがいも130g

2 つぶしたじゃがいもに小麦粉を加え、オリーブオイル、塩、パルメザンチーズを入れよく混ぜ合わせまとめておく。

パルメザンチーズ大さじ2

小麦粉大さじ3

※塩適量

※オリーブオイル少々

3 鍋に水を入れて中火で沸騰させ、石づきを切り落としたしめじと野菜顆粒だしを入れ、2のニョッキを食べやすい大きさに丸めながら入れていく。塩で調味する。

水3カップ

野菜顆粒だし小さじ1

しめじ1/4株

※塩適量

＼Point／

じゃがいもの皮はキッチンペーパーなどでくるみながらむくと簡単にむけます。ニョッキを作り置きしたい場合はタネをまとめて冷凍庫へ。使うときに好みの大きさに丸めます。

4 ニョッキが浮いたら器に盛りつけ、パセリをふっていただく。

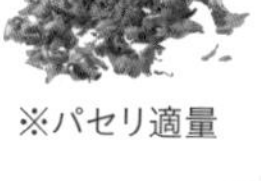

※パセリ適量

喉越しつるん＆もちもち食感が楽しい

かぼちゃの白玉スープ

2人分 | 調理時間:20分

材料memo

- かぼちゃ …… 200g
- スイートコーンクリーム(缶) …… 60g
- 生ハム(パルマ産など) …… 2枚
- 白玉粉 …… 80g
- 水 …… 80ml
- 牛乳 …… 1カップ
- コンソメ顆粒 …… 小さじ1/2
- 白みそ …… 小さじ2
- 塩、こしょう …… 適量
- しょうゆ …… 少々

1 かぼちゃは一口大に切り、電子レンジで2分加熱する。白玉粉に水を加えて白玉を作り、分量外のお湯でゆで、浮いてきたら冷水に取る。

かぼちゃ200g

白玉粉80g

水80ml

2 鍋に牛乳を沸騰直前まで温め、コンソメ顆粒、1のかぼちゃ、スイートコーンクリーム、白みそを加えて中弱火で温める。

牛乳1カップ

コンソメ顆粒小さじ1/2

スイートコーンクリーム60g

白みそ小さじ2

3 塩、こしょうで味を調え、白玉を加えて温まったら、しょうゆをひとたらし入れて香りをつける。

※しょうゆ少々
※塩、こしょう適量

4 器に盛りつけ、生ハムをふんわりちぎりのせ、お好みでオリーブオイルをたらしても。

生ハム2枚

＼Point／

白玉は成形するときに指でくぼみをつけておくと、スープが絡みやすくなります。

使える便利食材

白玉粉

Column

白玉を作ってスープに入れると、スープがよく絡み、食べ応えを主食級にまでアップしてくれます。白玉を作るだけでなく、小麦粉の代わりに揚げ物の衣に使用しても。またチヂミに加えるとカリッ&もちっとした食感に仕上がります。

パックの甘栗で簡単に！

甘栗のこくあまスープ

2人分｜調理時間:10分

材料*memo*

- 市販のむき甘栗 …… 10粒ほど
- 牛乳 …… 1カップ
- コンソメ顆粒 …… 小さじ1
- はちみつ …… 小さじ1
- 生クリーム …… 50ml
- 水 …… 50ml
- 塩 …… 少々
- 粗挽きこしょう …… 適量
- オリーブオイル …… 適量

1 鍋に牛乳、むき甘栗、コンソメ顆粒を入れ、中火にかけてひと煮立ちさせる。

牛乳1カップ

コンソメ顆粒小さじ1

むき甘栗10粒

2 ミキサーに1とはちみつ、生クリーム、水、塩少々を加えてなめらかになるまで撹拌する。

—鍋にあけて弱火で2分温める—

水50ml

生クリーム50ml

はちみつ小さじ1

※塩少々

\ Point /

コーンポタージュやパンプキンスープより手軽に作れるデザートスープ。冷製にしてもおいしい!

3 器に盛り、仕上げに粗挽きこしょう、オリーブオイルをかける。

※粗挽きこしょう、
オリーブオイル適量

味がしみしみ、鍋の真骨頂!

とことん美味しい鍋おかず

鍋でメイン料理1品ができれば、食卓は完結します。
しかも“ごちそう感”が出るのが嬉しいポイント。
熱々のまま鍋ごと出だしてもOK。
煮込むほど味も変わるので2～3日楽しめます。
ここでは鍋1つでできる和洋中、
エスニックの鍋おかずを紹介します。

1 ソーセージに切り込みを入れる。セロリは筋をとって縦半分に切り、5cmの長さに切る。セロリの葉2～3枚は最後に加えるので取っておく。

2 にんにくはみじん切りに。トマト水煮缶のトマトは半分に切る。

にんにく1かけ

トマト水煮（ホール）1缶

3 鍋にオリーブオイルと2のにんにくを入れて中火にかけ、温まったら1のソーセージ、セロリの茎、ミックスビーンズを入れて炒める。

オリーブオイル大さじ1

ミックスビーンズ1パック

4 コンソメ顆粒、2のトマト水煮缶を加える。缶に残った煮汁を少量の水（分量外）でゆすぎ落として鍋に入れる。

コンソメ顆粒小さじ1

—中火で15分—

5 とろりとなるまで煮込んだら、塩、粗挽きこしょう、1のセロリの葉をちぎり入れ、さっと煮る。

※塩、粗挽きこしょう適量

とろとろに煮込んだごちそうシチュー

粗挽きソーセージと豆のトマトシチュー

2人分 | 調理時間:20分

粗挽きソーセージ6本

セロリ1本

材料*memo*

- 粗挽きソーセージ …… 6本
- ミックスビーンズ（ドライパック） …… 1パック（130g）
- セロリ …… 1本
- にんにく（みじん切り） …… 1かけ
- トマト水煮（ホール） …… 1缶
- オリーブオイル …… 大さじ1
- コンソメ顆粒 …… 小さじ1
- 塩、粗挽きこしょう …… 適量

\ Point /

ソーセージに切れ目を入れることで旨味が染み出します。シメに別ゆでしたショートパスタと和えて粉チーズをふっても。

キウイの種の食感も楽しい
豚ばらとキウイの甘辛煮

2人分 | 調理時間:60分

材料*memo*

- キウイ（すりおろし）…… 2個
- にんじん …… 1本
- 玉ねぎ …… 1/4個
- 豚ばら肉（塊肉）…… 300g
- Ⓐ
  - しょうゆ …… 大さじ2
  - はちみつ …… 大さじ1
  - 酒 …… 大さじ2
  - にんにく（すりおろし）…… 1かけ
  - ごま油 …… 大さじ1/2
- 水 …… 1カップ
- 黒すりごま …… 大さじ1/2

3 豚ばら肉を4～6個に切り分ける。鍋に湯（分量外）を沸かし、豚ばら肉を3分ゆでてザルにあげ、水気をきる。

豚ばら肉（塊肉）300g

4 ボウルに1の半量を入れ、3の豚ばら肉を入れて20分漬け込む。

5 4をつけ汁ごと鍋に入れ、水を加えて強火にかけ、煮立たせる。

水1カップ

―中火で30分―

6 2のにんじんと1の残りを加え、煮汁がなくなり、にんじんが柔らかくなるまで煮る。黒すりごまをかけて完成。

黒すりごま大さじ1/2

1 キウイと玉ねぎはすりおろし、Aと混ぜておく。

キウイ（すりおろし）2個

玉ねぎ（すりおろし）1/4個

Ⓐ

しょうゆ大さじ2

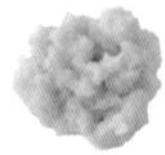
にんにく1かけ

はちみつ大さじ1

酒大さじ2

ごま油大さじ1/2

2 にんじんは皮をむいて乱切りにする。

にんじん1本

\ Point /

ゴールドキウイは皮に毛がないので、皮ごとおろし器でおろして使えます。キウイに含まれる酵素で肉がぐっと柔らかくなります。マーマレード（はちみつ無し）で作っても。

風味と旨味を凝縮

ラムとキャベツの蒸し煮

2人分 | 調理時間:30分

材料*memo*

- 骨つきラム肉 …… 4本
- キャベツ …… 1/4個（春キャベツは1/2個）
- 塩 …… 少々
- Ⓐ
  - ローリエ …… 1枚
  - オリーブオイル …… 大さじ2
  - 水 …… 1カップ
  - 黒こしょう（ホール） …… 10粒
  - 塩 …… 少々
- 白ワイン …… 150ml
- イタリアンパセリ …… 1枝

＼Point／

ぎゅうぎゅうに並べることでキャベツにしっかりと香りが移ります。豚ばらやスペアリブでも。

1

ラムは脂が厚ければ切り落とし、塩少々をふっておく。キャベツは切離れないように芯をそぎ、放射状に半分に切る。

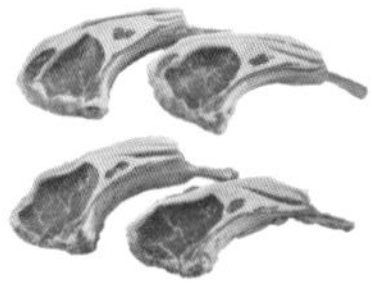

骨つきラム肉4本
※塩、少々

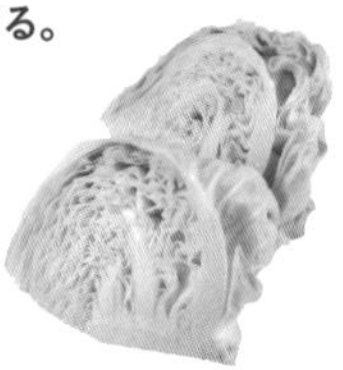

キャベツ1/4株

2

小さめの鍋に油（分量外）をひき、1の骨付きラム肉を焼きつけて取り出す。同じ鍋で1のキャベツも断面を焼く。

3

鍋に2のキャベツとラム肉を交互に配置し、Aを入れ中火で煮立てる。

A

ローリエ1枚

黒こしょう10粒

水1カップ

オリーブオイル大さじ2

—ふたをして弱火で20分—

4

白ワイン150ml
※塩少々

イタリアンパセリ1枚

白ワインを加えて水分がなくならないように具材が柔らかくなるまでふたをして煮込み、味が薄ければ塩で調味する。イタリアンパセリをちらす。

カレー風味でスパイシー！

やわらか鶏肉の ヨーグルト煮込み

2人分 | 調理時間:20分

材料*memo*

- 鶏もも肉 …… 1枚
- しめじ …… 100g
- 玉ねぎ …… 1/2個
- ミニトマト …… 4～6個
- にんにく(みじん切り) …… 1かけ
- しょうが(みじん切り) …… 1かけ
- プレーンヨーグルト …… 1カップ
- はちみつ …… 小さじ1
- カレー粉 …… 大さじ1
- しょうゆ …… 大さじ1/2
- 塩、こしょう …… 各適量
- クミンシード(あれば) …… ひとつまみ

*つけ合わせバジルごはん

- 温かいごはん …… 2杯分
- バター …… 10g
- バジルの葉 …… 1枚分
- 塩 …… 少々

1 鶏もも肉は余分な脂を取り、食べやすい大きさに切る。しめじは石づきを取り、食べやすくほぐす。玉ねぎは櫛切り。

鶏もも肉1枚

しめじ100g

玉ねぎ1/2個

2 ボウルまたはジッパー袋に1の鶏もも肉、プレーンヨーグルト、はちみつ、カレー粉を入れてよくもみこみ、そのまま10分なじませておく。

プレーンヨーグルト1カップ
はちみつ小さじ1
カレー粉大さじ1

3 フライパンに油(分量外)をひき、クミンシードを炒め、香りが出たら1の玉ねぎとしめじを加え、にんにく、しょうがを加えて炒める。

クミンシードひとつまみ

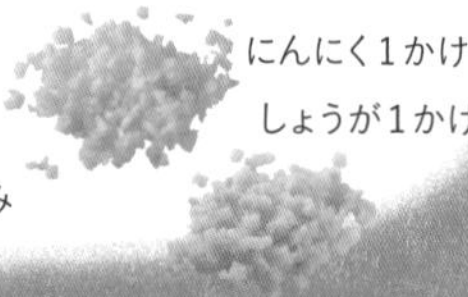

にんにく1かけ
しょうが1かけ

\ Point /

ヨーグルトや玉ねぎは肉を柔らかくし、漬け込んでおくと味に深みが出ます。

4 2を漬け汁ごと3に入れ、中弱火にしてミニトマトを加え、しんなりするまで煮込む。

ミニトマト4 ～6個

5 塩、こしょうで味を調え、仕上げにしょうゆをまわしかけ、バジルをちらす。

しょうゆ大さじ1/2
※塩、こしょう適量

バジル１枝分

つけ合わせバジルごはん

フライパンにバターを溶かし、ごはんを炒める。バターがなじんだら塩をふり、バジルをちぎり入れてさっくり混ぜる。

とろり半熟卵といただく
角切り豚の五香粉煮

2人分｜調理時間:60分

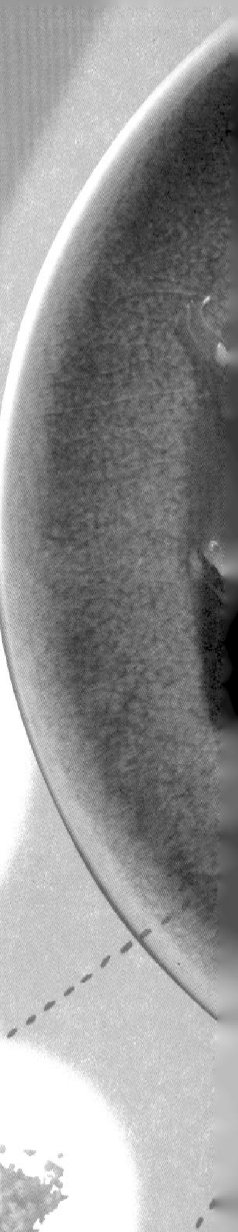

材料*memo*

- 豚肩ロース …… 300g
- 玉ねぎ …… 1/2個
- にんにく(みじん切り) …… 1かけ
- Ⓐ
  - 五香粉(ウーシャンフェン) …… 小さじ1
  - 塩、粗挽きこしょう …… 適量
  - はちみつ …… 大さじ1/2
  - しょうゆ …… 大さじ1と1/2
- 酒 …… 1/3カップ
- 水 …… 2カップ
- 卵 …… 2個

1

半熟卵をつくる。卵を常温に戻し、水(分量外)からゆでる。沸騰したら7分ゆでて冷水にとる。

卵2個

2

豚肩ロースは角切り、玉ねぎは薄切り、にんにくはみじん切りにする。

豚肩ロース300g

玉ねぎ1/2個

にんにく1かけ

3

鍋に油(分量外)をひいて中火にかけ、2のにんにくを入れて香りがたったら2の玉ねぎと豚肉を炒める。

＼Point／

五香粉がないときは八角でも。スパイスを入れなくてもシンプルな和風味でおいしくいただけます。豚肉を下ゆですると脂がおちてよりヘルシーに。

4

酒、水を加えてアクを取りながらひと煮立ちさせ、Aを加える。

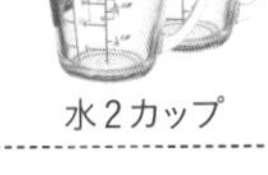

水2カップ

酒1/3カップ

A

はちみつ大さじ1/2

しょうゆ大さじ1と1/2

五香粉小さじ1

※塩、粗挽きこしょう適量

―中弱火で30分―

5

1の半熟卵の殻をむいて4に入れ、余熱で10分温める。

手間抜き！ ごちそうメイン料理

牛肉のペポーゾ赤ワイン煮込み（黒こしょう煮）

2人分｜調理時間:40分

材料memo

- 牛すね肉 …… 300g
- にんにく（皮つきのまま使用）…… 2かけ
- 玉ねぎ …… 1/2個
- Ⓐ
  - 赤ワイン …… 2カップ
  - 黒こしょう（ホール）…… 10粒
  - トマトペースト …… 大さじ1
  - 粗塩 …… 小さじ1/3
  - バルサミコ酢 …… 大さじ1
- イタリアンパセリ …… 1枚

1 牛すね肉は大きければ食べやすく切る。にんにく（皮つきのまま）、玉ねぎは薄切りに。

牛すね肉300g

玉ねぎ1/2個

にんにく2かけ

2 鍋に1とAを入れ、ふたをする。

Ⓐ

赤ワイン2カップ

黒こしょう10粒

トマトペースト
大さじ1

粗塩小さじ1/3

バルサミコ酢
大さじ1

―弱火で30～40分煮込む―

3 イタリアンパセリを粗く刻んでちらす。

イタリアンパセリ1枝

\Point/

黒こしょうは砕かずにそのまま入れることで、煮込んでいる間にじわじわ味が染み出ます。辛くなるので入れ過ぎに注意！

旨味をたっぷり閉じ込めた
チキンのしっとりレモンタジン

2人分｜調理時間:40分

材料memo

- 鶏手羽元 …… 400g
- じゃがいも …… 中2個
- 紫玉ねぎ …… 1/4個
- オリーブ …… 6粒ほど
- イタリアンパセリ …… 1枝
- パクチー …… 1枝

Ⓐ
にんにく（すりおろし） …… 1/2かけ
しょうが（すりおろし） …… 小さじ1/2
ターメリックパウダー（またはサフランパウダー） …… 少々
オリーブオイル …… 大さじ1
レモン塩漬け（レモンでも） …… 1/2個
塩 …… 小さじ1

- オリーブオイル …… 大さじ1
- レモン汁 …… 少々
- レーズン …… 大さじ1

3 ボウルに1とAを入れ、全体によく回るようもみこむ。

※ターメリックパウダー少々

しょうが小さじ1/2

にんにく1/2かけ

Ⓐ

塩小さじ1

レモン塩漬け1/2個

オリーブオイル大さじ1

4 タジン鍋に3を並べて中火にかけ、鶏肉、じゃがいも、2の紫玉ねぎを少し焼き、Aのレモン塩漬けかレモン、オリーブをのせてオリーブオイルをかける。

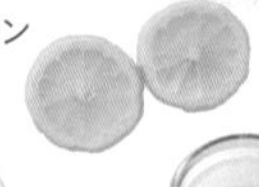
レモン

オリーブ6粒ほど

オリーブオイル大さじ1

5 レーズンをちらし、ふたをしてじゃがいもと鶏肉に火が通るまで中弱火で30分くらい蒸す。水分が足りなければ水（分量外）を少々加える。仕上げに2のパクチーとイタリアンパセリをちらす。

レーズン大さじ1

1

じゃがいもは皮をむいて櫛切りにする。鶏肉はさっと洗ってレモン汁をかける。

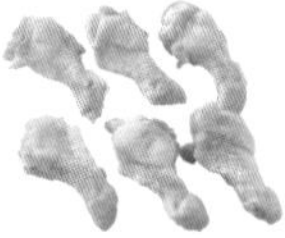

鶏手羽元400g

じゃがいも中2個

※レモン汁少々

2

紫玉ねぎは薄切り、イタリアンパセリとパクチーはざく切りにする。

紫玉ねぎ1/4個

パクチー1枝

イタリアンパセリ1枝

\Point/

鍋はふたつきの厚手の鍋でもOK。少量の水を入れ、弱火でコトコト煮て鍋の中で対流させればおいしく仕上がります。

タコを贅沢にたっぷりいただける

タコとオリーブのディアボラ

2人分｜調理時間:20分

材料*memo*

- ゆでダコ …… 300g
- アサリ（砂抜き済み）…… 250g
- オリーブ（グリーン、ブラックなどミックス）…… 8個
- 白ワイン …… 50ml
- トマト水煮缶（ダイス）…… 1/2缶
- 赤唐辛子（種を取る）…… 3本
- タイム（あれば）…… 1枝
- 塩 …… 適量
- イタリアンパセリ（みじん切り）…… 1枝

1

鉄鍋にタコとアサリとオリーブ、白ワイン、トマト水煮缶、赤唐辛子、タイムを入れてタコが柔らかくなるまで中火で蒸し煮にする。

ゆでダコ300g

アサリ250g

オリーブ8個

白ワイン50ml

トマト水煮缶1/2缶

赤唐辛子3本

タイム1枝

\ Point /

あまったらコンソメ顆粒とトマトペースト、にんにくを足し、別ゆでしたパスタとあわせても。

2 アサリがひらいたら塩で味を調え、イタリアンパセリをちらす。

※塩適量

イタリアンパセリ１枝

硬くなったバゲットをお助け！

簡単リボリータ

2人分｜調理時間：30分

材料memo

- バゲット …… 4切れほど
- 白いんげん豆（水煮）…… 1パック（380g）
- ベーコン …… 60g
- キャベツ …… 1枚
- セロリ …… 1/2本
- 玉ねぎ …… 1/4個
- オリーブオイル …… 大さじ1
- にんにく（みじん切り）…… 1かけ
- 唐辛子 …… 1本（種を取る）
- トマトペースト …… 大さじ1
- 水 …… 1カップ
- 塩 …… 適量
- パルメザンチーズ（削ったもの）…… 大さじ2
- オリーブオイル …… 大さじ1
- バジル …… 1枝

3 鍋にオリーブオイルを入れて中火にかけ、唐辛子、にんにく、2の玉ねぎとセロリ、ベーコンを入れて炒める。しんなりしたら2のキャベツとトマトペーストを加える。

―ふたをして中火で20分―

唐辛子1本

にんにく1かけ

オリーブオイル
大さじ1

トマトペースト
大さじ1

4 野菜に火が通ったら、水とバゲットを入れて、1の白いんげん豆を煮汁ごと加えて塩で味を調える。

バゲット4切れ

水1カップ

※塩適量

5 パルメザンチーズをかけてオリーブオイルをまわしかけ、ふたをして余熱で溶かす。仕上げにバジルをちらす。

パルメザン
チーズ大さじ2

オリーブオイル
大さじ1

バジル1枝

1

白いんげん豆の半分量を麺棒などでつぶしておく。煮汁は捨てずに取っておく。

白いんげん豆1パック

2

キャベツはざく切り、玉ねぎは薄切りにする。セロリは茎を1cm幅に切り、葉はざく切りに。ベーコンは短冊切り。

キャベツ1枚

玉ねぎ1/4個

セロリ1/2本

ベーコン60g

＼Point／

時間が経つと味がなじんで食感が変わるので翌日に食べるのもおすすめ。バジルをセージに変えると本格的なイタリアンの香りに！

粒マスタードをピリッと効かせる
鶏肉の濃厚クリーム煮込み

2人分 | 調理時間:20分

材料*memo*

- 鶏もも肉 …… 1枚
- パプリカ（何色でも）…… 1個
- くるみ …… 4個
- 塩、こしょう …… 適量
- オリーブオイル …… 大さじ1
- にんにく（みじん切り）…… 2かけ
- 白ワイン …… 1/2カップ
- 牛乳と生クリームを同量ずつ合わせたもの …… 1/2カップ
- バター …… 10g
- 粒マスタード …… 大さじ1

＼あると嬉しい！／
背のび調味料
粒マスタード

お酢・オイルなど粒マスタード自体に調味料が行っているので、材料がシンプルな料理のときにうまみを補う役目をしてくれます。

1 鶏ももは脂を取り、4～6個に切り分け塩、こしょうをしておく。パプリカは縦に6等分に切って種をとる。くるみは粗く刻む。

鶏もも肉1枚

パプリカ1個

くるみ4個

※塩、
こしょう適量

2 フライパンにオリーブオイルをひいて中火にかけ、1の鶏肉を皮を下にして色よく焼く。

オリーブオイル
大さじ1

3 にんにくを入れ、1のパプリカも皮を焼きつけるように弱火でじっくり焼く。

にんにく2かけ

4 鶏の皮目を上にして並べなおし、隙間にパプリカを入れる。白ワインを回し入れ、中火で1分煮る。

白ワイン1/2カップ

5 牛乳と生クリームを回し入れ、皮の上に粒マスタードを塗る。バター、1のくるみを入れ、ふたをして中弱火で5分煮る。塩で調味する。

牛乳、
生クリーム1/2カップ

粒マスタード
大さじ1

バター10g

※塩適量

キャベツを無限に食べられる

ソーセージと
ザワークラウトのビネガー鍋

2人分 | 調理時間:20分

材料*memo*

- ソーセージ（長いもの）…… 4本
- ザワークラウト（市販の瓶詰）…… 100g
- じゃがいも …… 中2個
- 玉ねぎ …… 1/4個
- 水 …… 2カップ
- Ⓐ
  - にんにく …… 1/2かけ
  - 白ワインビネガー …… 大さじ2
  - クローブの実、ローリエ（あれば）…… 適量
- 塩 …… 適量
- 粗挽きこしょう …… 適量
- オリーブオイル …… 適量

＼*Point*／

手作りザワークラウトはキャベツ1/4個の千切りに重量の4%の塩を混ぜ入れ、常温で重石をして2〜3日発酵させて作ります。夏場は発酵が早いので注意。

1 じゃがいもは皮をむいて食べやすく切る。玉ねぎは1cm幅の櫛切りにする。

じゃがいも中2個

玉ねぎ1/4個

2 鍋に水を入れて中火にかけ、蓋をして1のじゃがいもを柔らかくゆでる。

水2カップ

3

Aとザワークラウト、1の玉ねぎ、ソーセージを加える。

にんにく
1/2かけ

白ワインビネガー
大さじ2

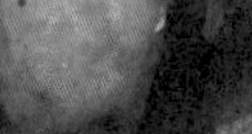

A
※クローブの実、ローリエ適量

ザワークラウト100g

ソーセージ4本

―ふたをして中火で5分―

4

塩で味を調えて器に盛りつけ、粗挽きこしょう、オリーブオイルをかける。

※塩、粗挽きこしょう適量

※オリーブオイル適量

クリーミーでやさしい味わい

白菜とハムのミルク煮込み

2人分｜調理時間:10分

材料*memo*

- 白菜 …… 1/8個
- ハム …… 2枚
- 鶏がらスープ顆粒 …… 小さじ1
- 牛乳 …… 1カップ
- 塩、粗挽きこしょう …… 適量

1

白菜を半分の長さに切り、縦に1～2cm幅に切る。ハムは半分に切ってから短冊に切る。

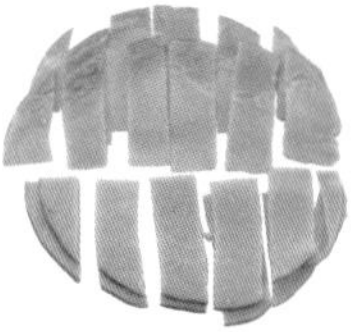

ハム2枚

白菜1/8個

2

フライパンに牛乳を入れて中火にかけて温め、鶏がらスープ顆粒を入れる。1の白菜の芯の部分を入れてひと煮立ちする。

牛乳1カップ

鶏がらスープ顆粒小さじ1

3

1のハムと白菜の葉先を入れる。

―ふたをして1分―

4

塩、粗挽きこしょうで味を調える。

※塩、粗挽きこしょう適量

\ Point /

ハムを使うことでソーセージやベーコンよりやさしい味わいに。ハムをちくわなど旨味の出るものに変えてもOK。

野菜の甘味とハーブの風味で贅沢に

鯛のアクアパッツァ

2人分｜調理時間:15分

材料memo

- 小鯛（下処理済みのもの）…… 1匹
- ミニトマト …… 4個
- ズッキーニ …… 1/3本
- 玉ねぎ …… 1/4個
- アサリ（砂抜き済み）…… 8個～
- にんにく（みじん切り）…… 1かけ
- 塩 …… 適量
- オリーブオイル …… 大さじ2
- ローリエ …… 1枚
- 白ワイン …… 40ml
- 岩塩 …… 適量
- 水 …… 1/2カップ
- タイム、ディル、イタリアンパセリ …… 各1枚

\ Point /

玉ねぎを入れたときにズッキーニと一緒にしっかり焼きつけると甘みがアップ。鯛の塩気とマッチします。

1 小鯛の表と内側に塩をふって、出てきた水分をキッチンペーパーでふき取り、また少し塩をふる。

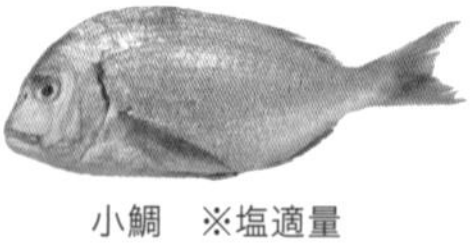

小鯛　※塩適量

2 にんにく、イタリアンパセリはみじん切り。ミニトマトはヘタを取る。ズッキーニは輪切り、玉ねぎは薄切りに。

にんにく
1かけ

イタリアン
パセリ1枝

ミニトマト4個

ズッキーニ1/3本

玉ねぎ1/4個

3 フライパンにオリーブオイル、2のにんにくを入れて強火にかけ、香りが出たら1の小鯛の盛りつけ面を焼く。

オリーブオイル大さじ2

4 魚を表に返し中弱火にして2の野菜、アサリ、ローリエ、タイムを入れ、2の刻んだイタリアンパセリと岩塩をふり、水、白ワインを加えてふたをする。

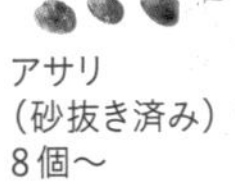

アサリ（砂抜き済み）8個〜

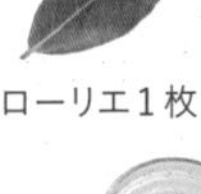

ローリエ１枚

タイム１枝

水1/2カップ

白ワイン40ml

※岩塩適量

5 アサリがひらいたら、仕上げに2で残ったイタリアンパセリと4で残ったタイム、ディルをちぎって飾る。

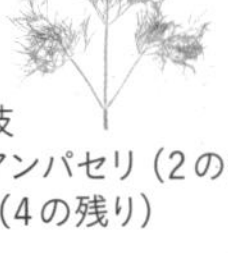

ディル１枝
※イタリアンパセリ（2の残り）
タイム（4の残り）

ほっくり黒豆と豚ばらの
美活フェジョアーダ

2人分 | 調理時間:60分（下処理時間を除く）

材料memo

- 黒豆 …… 100g（一晩浸けた煮汁も使用）
- 豚ばら肉 …… 100g
- 塩 …… 適量
- ベーコン …… 2枚
- 粗挽きソーセージ …… 4本
- 玉ねぎ …… 1/2個
- にんにく（みじん切り） …… 1かけ
- トマトペースト …… 40g
- 赤ワイン …… 50ml
- コンソメ顆粒 …… 小さじ1
- オリーブオイル …… 適量
- ローリエ …… 1枚
- 塩、粗挽き黒こしょう …… 適量
- イタリアンパセリ（あれば） …… 1枝

＼Point／

ブラジルの家庭料理をアントシアニンたっぷりの黒豆でアレンジ。いろんな種類のお肉を入れるとおいしくなります。

1

下処理(前日)：黒豆はさっと洗って、鍋に沸騰させたたっぷりのお湯(分量外)に入れ、火を止めて一晩おく。その煮汁ごと使用する。

黒豆100g

2

下処理(当日)：1の煮汁ごとふたをして、弱火で2時間ほど柔らかくなるまで煮る。

3

豚ばら肉、ベーコンは4つに切り分け、豚肉に塩をもみこんでおく。ソーセージは半分に切り、玉ねぎとにんにくはみじん切りにする。

にんにく1かけ

豚ばら肉100g
※塩適量

ベーコン2枚

玉ねぎ1/2個

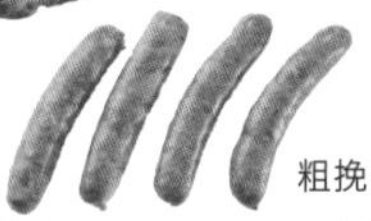
粗挽きソーセージ4本

4

フライパンにオリーブオイルを多めにひき、中火で3の豚ばら肉を焼く。3のにんにく、ベーコン、玉ねぎ、トマトペーストも加えて炒める。

※オリーブオイル適量
トマトペースト40g

5

2の黒豆と煮汁2カップ分、赤ワイン、ローリエ、コンソメ顆粒を入れる。

ローリエ1枚

赤ワイン50ml

コンソメ顆粒小さじ1

―ふたをして中火で20分―

6

3のソーセージを加えてさらに汁気が少し残るまで煮込み、塩で味を調える。粗挽きこしょう、イタリアンパセリをちぎってちらす。

イタリアンパセリ1枝
※塩、粗挽きこしょう適量

白菜をおいしく大量消費

白菜とかぶのオイル煮

2人分 | 調理時間:25分

材料memo

- 白菜 …… 1/4株
- かぶ …… 2個
- にんにく …… 1かけ
- 塩 …… 適量
- 水 …… 1カップ
- オリーブオイル …… 大さじ3
- 粉チーズ（お好みで）、こしょう …… 適量

1 白菜を芯の部分と葉の部分に切り分け、それぞれ葉の重なりがはがれないように縦半分に切る。

白菜1/4株

2 かぶは皮をむいて2㎝ほど葉元の茎を残して葉を切り落とす。にんにくは半分に切る。

かぶ2個

にんにく1かけ

3 鍋に1の白菜を敷き詰め、2のかぶとにんにくをのせて水と塩を入れる。

水1カップ
※塩適量

—ふたをして中弱火で15分—

4 白菜の芯に火が通ったら、ふたを開けてオリーブオイルを回しかける。

オリーブオイル
大さじ3

5 皿に盛りつけ、お好みでオリーブオイル（分量外）、こしょう、粉チーズをかけていただく。

※こしょう、粉チーズ適量

\ Point /

キャベツや小松菜、チンゲンサイ、じゃがいも、玉ねぎなどでもおいしくいただけます。

パプリカの彩りと旨味を楽しむ
まるごと旨煮ペペロナータ

2人分|調理時間:40分

材料memo

- パプリカ(赤、黄) …… 各1個
- トマト …… 小1個
- にんにく …… 1かけ
- 玉ねぎ …… 1/4個
- オリーブオイル …… 大さじ2
- 塩、こしょう …… 適量

1 フライパンにオリーブオイルを入れて中火で熱し、パプリカをまるごと入れて皮を焼く。ふたをしながらじっくりと回転し皮を焦がして、そのまま冷ます。

パプリカ2個

オリーブオイル大さじ2

2 1のパプリカのヘタを回して引き抜き、皮をむき手で割いて中のワタと種を取り除く。このとき出る汁をザルでこしてとっておく。

3 玉ねぎを繊維を断つように1cmの薄切りしたものと、つぶしたにんにくを1のフライパンに入れて中火にかけ、ふたをして炒め煮する。

にんにく1かけ

玉ねぎ1/4個

4 トマトを湯剥きし、フォークでつぶして3に入れる。2のパプリカと煮汁を戻し入れ、塩、こしょうをする。

トマト小1個
※塩、こしょう適量

―弱火で30分―

Point
冷蔵庫で1週間ほど色鮮やかなまま保存できます。

ゆずの香りを添えていただく

旨味たっぷりぶり大根

2人分 | 調理時間:60分

材料memo

- 大根(乱切り) …… 1/4本
- ぶり切り身 …… 2切れ
- 米 …… ひとつかみ
- 塩 …… 適量
- みりん …… 80ml(仕上げに大さじ2)
- 酒 …… 60ml
- しょうゆ …… 50ml
- しょうが(薄切り) …… 1かけ
- 水 …… 180ml
- ゆず皮(細切り) …… 1かけ

2 ぶりは食べやすい大きさに切る。両面に塩をふって5分おき、細く出した流水に5分さらした後、熱湯をまわしかける。

ぶり切り身2切れ
※塩適量

3 鍋に薄切りしたしょうが、酒、みりん、水を入れて中火にかけ、煮立ったら2のぶりを入れる。

―中弱火で20分―

しょうが1かけ

水180ml

酒60ml

みりん80ml

4 3に1の大根を戻し入れ、ひと煮立ちしたらしょうゆを入れる。

しょうゆ50ml

―中火で15分―

5 仕上げにみりんを回しかけ、ゆずの皮をちらす。

みりん大さじ2

ゆず皮1かけ

1 大根を鍋に入れ、ひたひたの水（分量外）と米を入れて下ゆでする。柔らかくなったら取り出し、米を洗い落とす。

大根（乱切り）1/4本

米ひとつかみ

\ Point /

大根のくさみやアクを取るためにお米をそのまま入れるので、とぎ汁がなくてもしっかり味がしみ込みます。最後にみりんをまわしかけることで照りをアップ。

甘辛い煮汁でコトコト
ふっくら金目鯛の煮つけ

2人分｜調理時間:10分

材料*memo*

- 金目鯛切り身 …… 2切れ
- しょうが（薄切り）…… 1かけ
- オイスターソース …… 大さじ1
- みりん …… 大さじ1
- 水 …… 1カップ
- あさつき …… 1本
- ごま油 …… 適量

1 金目鯛は皮目に包丁で斜めに1本切り込みを入れる。

金目鯛2切れ

2 あさつきを斜めに切り、水に放っておく。

あさつき
1本

3 フライパンにオイスターソース、みりん、水を入れて中火で煮立て、しょうがを入れる。

オイスターソース
大さじ1

みりん
大さじ1

水1カップ

しょうが1かけ

―ふたをして中火で5分―

4 2のあさつき、ごま油をちらして完成。

※ごま油適量

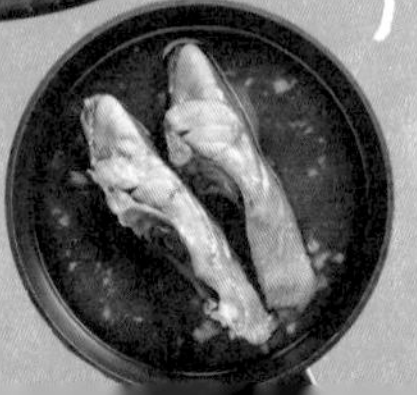

白いごはんがすすむ！
実山椒入り牛肉しぐれ煮

2人分｜調理時間:20分

材料*memo*

- 新ごぼう（泥つきごぼう）…… 1本
- 牛肉（切り落とし）…… 200g
- しょうが（千切り）…… 1かけ
- 実山椒（水煮瓶詰でも可）…… 大さじ1

Ⓐ
酒、水 …… 各1/2カップ
たまりじょうゆ …… 大さじ2
（またはしょうゆ、みりん、酒各大さじ2）

1 実山椒は枝を取り、柔らかく下ゆでして辛みをぬいたものを冷水にとり、ざるにあげる。

実山椒大さじ1

2 新ごぼうはよく洗い、皮ごとささがきにしてさっと水にさらす（泥つきごぼうの場合は洗って皮をそいでからささがきにして酢水に浸ける）。

新ごぼう（泥つきごぼう）1本

3 牛肉は大きければ食べやすい大きさに切る。しょうがは千切り。

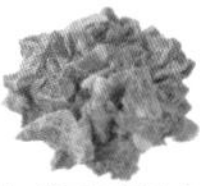
牛肉（切り落とし）200g

しょうが1かけ

＼あると嬉しい！／
背のび調味料
たまりじょうゆ
香りとうまみが格段にアップします。甘さもあるのでみりんがいりません。

4 鍋に薄く油（分量外）をひき、中弱火で2のごぼうを炒める。3の牛肉も加えて色が変わるまで炒めて油となじませる。

5 Aと3のしょうが、1の実山椒を入れ、中弱火で汁気がほんの少し残るまで炒り煮する。

Ⓐ

水1/2カップ

酒1/2カップ

たまりじょうゆ大さじ2

茶の風味がアクセント

柔らか香ばしい豚の梅煮

2人分 | 調理時間:60分

材料*memo*

- 豚肩ロース …… 500g
- ほうじ茶の茶葉 …… 2g
- 水 …… 4カップ
- Ⓐ
  - きび砂糖 …… 大さじ1
  - しょうゆ(またはたまりじょうゆ) …… 大さじ2
  - 酒 …… 大さじ2
- 梅干し …… 2個

\ Point /

お茶のカテキン成分が肉を柔らかくします。茶葉を紅茶にすると上品な風味に。ウーロン茶にするとちょっとビターなお茶の香りを楽しめます。

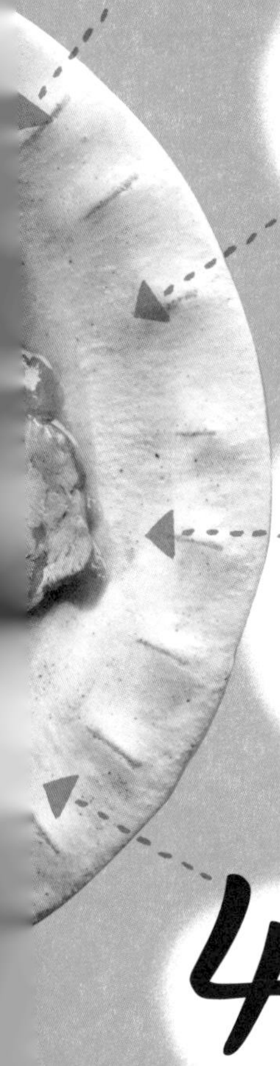

1

フライパンに油（分量外）をひき、強火で豚肉の表面を焼く。

豚肩ロース500g

2

1を深鍋に移し、茶葉をお茶パックに入れたものと水を入れて中火にかける。アクを取りながらひと煮立ちさせる。

ほうじ茶の茶葉2g

水4カップ

3

きび砂糖大さじ1

しょうゆ大さじ2

Ⓐ

酒大さじ2

梅干し2個

2にAとつぶした梅干しを加え、アルミ箔で落しぶたをする。

―ときどき裏返しながら中弱火で20分―

―ごく弱火にしてさらに10分―

4

3の煮汁をフライパンに大さじ3くらいとって煮詰め、食べやすい大きさにカットした豚肉にかけていただく。

そぼろで簡単＆時短
鶏そぼろと豆腐の卵とじ

2人分 | 調理時間:20分

材料*memo*

- 鶏挽き肉 …… 150g
- しょうが（みじん切り） …… 1かけ
- 長ねぎ …… 5cm
- みつば …… 3本
- 絹豆腐 …… 150g
- 卵 …… 1個
- 酒 …… 大さじ1
- 水 …… 300ml
- 薄口しょうゆ …… 小さじ1
- 塩 …… 少々
- 片栗粉 …… 小さじ2

2 鍋に油（分量外）をひいて中火にかけ、鶏挽き肉を炒める。色が変わったら1のしょうがと長ねぎ、酒を加えて炒める。

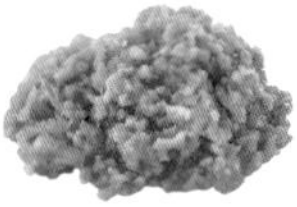
鶏挽き肉150g

酒大さじ1

3 水を加えてひと煮立ちさせ、アクを取り1の豆腐を加えて煮る。薄口しょうゆと塩で味を調える。

水300ml

薄口しょうゆ
小さじ1

※塩少々

4 同量の水で溶いた片栗粉を3に入れてよくかき混ぜる。溶き卵を細く流し入れてふんわり混ぜ、火を止める。

片栗粉小さじ2
※同量の水で溶く

卵1個

5 1のみつばをのせていただく。

1

しょうが、長ねぎはみじん切り、みつばはざく切りにする。豆腐を食べやすい大きさに切る。

しょうが1かけ

長ねぎ5cm

みつば3本

絹豆腐150g

＼Point／

鶏挽き肉は炒めるだけで火が通るので、煮立たせるだけですぐにできます。

わかめに鶏だしが染みる

鶏手羽中のバルサミコ煮

2人分 | 調理時間:20分

材料*memo*

- 鶏手羽中 …… 250g
- 長ねぎ …… 1/3本
- 塩蔵わかめ …… 50g（戻したもの）
- 水 …… 1カップ
- Ⓐ
  しょうゆ…大さじ1
  みりん…大さじ1
  酒…大さじ1
  八角…1個
  バルサミコ酢（または黒酢）…大さじ1/2

1 長ねぎは4cm位のぶつ切りにする。

長ねぎ1/3本

2 鍋に油（分量外）をひき、鶏手羽中、1の長ねぎを入れ、中火で焼いて焼き色をつける。

鶏手羽中250g

\ Point /

わかめが汁を吸って煮汁の旨味をたっぷり味わえる一品。塩蔵わかめがなければ、乾燥わかめを水で戻して使っても。

3 水とAを加えて中火でひと煮立ちさせ、アクを取る。

水1カップ

A
しょうゆ大さじ1
みりん大さじ1
酒大さじ1

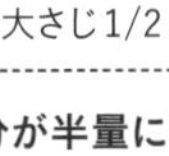

バルサミコ酢大さじ1/2

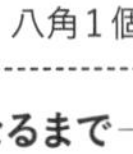

八角1個

―中火で水分が半量になるまで―

4 わかめを加え、さっくり混ぜ合わせて器に盛りつける。

塩蔵わかめ50g

やわらか＆ほっくり仕上がる

土鍋肉じゃが

2人分｜調理時間:30分

材料*memo*

- じゃがいも …… 2個
- 牛肉（細切れ）…… 100g
- 糸こんにゃく …… 少量1パック
- にんじん …… 1/3本
- 玉ねぎ …… 1/2個
- きぬさや …… 6枚
- みりん、酒 …… 各大さじ2
- しょうゆ（またはたまりじょうゆ）…… 大さじ3

2 糸こんにゃくは洗って食べ良く切る。にんじんは乱切り、玉ねぎは櫛切り。

にんじん1/3本

糸こんにゃく
1パック

玉ねぎ1/2個

3 土鍋に油（分量外）をひいて弱火からかけ、2の糸こんにゃくを炒め、2の玉ねぎを加える。玉ねぎが少し透明になったら中火で牛肉、1のじゃがいも、2のにんじんも炒める。

牛肉（細切れ）
100g

4 水（分量外）をひたひたより少なめに入れ、ふたをして煮立ったらみりん、酒、しょうゆを加える。

みりん大さじ2

酒大さじ2

しょうゆ大さじ3

5 煮汁が2/3に減ったら火を止め、ふたをして20分余熱調理する。1のきぬさやを散らして完成。

1 じゃがいもは皮をむき食べ良く切って水にさらす。きぬさやはヘタとすじを取り軽く下ゆでする。

じゃがいも2個

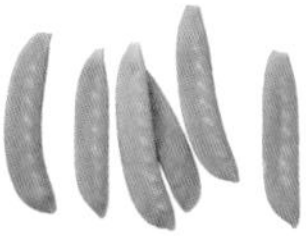

きぬさや6枚

＼Point／

定番メニューも土鍋で作るとよりホクホクに！一味や粉山椒をふると一層おいしくいただけます。

根菜が主役の一品

大根ステーキの青さのりバターソース

2人分｜調理時間:20分

材料memo

- 大根 …… 太いところ1/4本
- 青さのり（生または乾燥） …… 適量
- コンソメ顆粒 …… 小さじ1
- バター …… 10g
- しょうゆ …… 小さじ1
- 片栗粉 …… 小さじ1
- しょうが（すりおろし） …… 小さじ1

＼Point／

コンソメで下ゆですることで中までしっかり味が入ります。バターで焼きつけることでコクもアップ。青さのりはひとつまみずつ入れてお好みの量になるまで調整を。

1 大根は皮をむいて2.5cmの厚さに切り、鍋に入れてかぶるほどの水（分量外）を入れる。コンソメ顆粒を入れて柔らかくなるまで煮る。

※3で煮汁150mlを使用するので残しておく

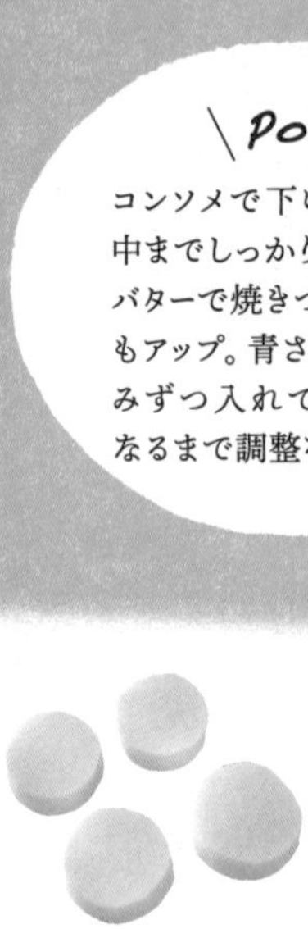

大根1/4本

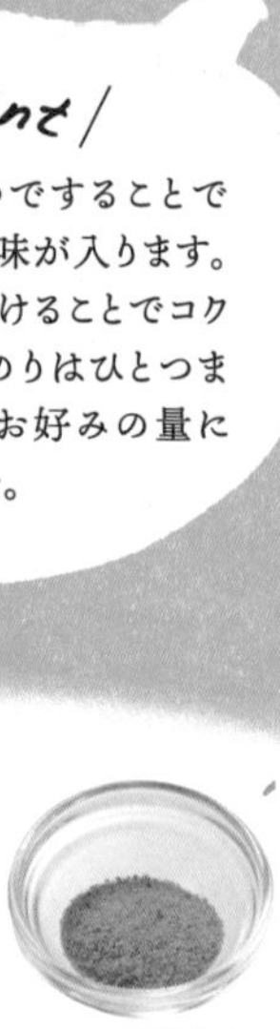

コンソメ顆粒小さじ1

2 フライパンにバターを熱し、1の大根の両面を焼きつけて取り出し、皿に盛る。

バター10g

3 1の煮汁150mlを2のフライパンに入れてひと煮立ちさせる。しょうゆ、同量の水で溶いた片栗粉、青さのりを入れ、火を止めて混ぜ合わせる。

しょうゆ小さじ1

片栗粉小さじ1
※同量の水で溶く

青さのり適量

4 2の大根に3のソースをかけ、しょうがを添える。

しょうが小さじ1

旨味しみしみ
細切れ牛肉の肉豆腐

2人分｜調理時間:20分

材料*memo*

- 牛肉（細切れ）…… 120g
- 木綿豆腐 …… 150g
- 青ねぎ（九条など）…… 2～3本
- めんつゆ（指定量に希釈）…… 100ml
- 赤だしみそ …… 大さじ1
- 七味 …… 適量

＼Point／
豆腐は手でちぎると味がしみやすくなります。半熟の卵とじにして、ごはんにのせて食べるのもおすすめ。

1 木綿豆腐は食べやすく手でちぎる。青ねぎは斜め薄切り、牛肉はざく切りに。

牛肉（細切れ）120g

青ねぎ2～3本

木綿豆腐150g

2 鍋に希釈しためんつゆを入れ、中火にかける。煮立ったら1の牛肉を入れて色が変わるまで混ぜて火を通す。

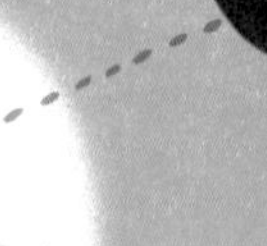

めんつゆ（指定量に希釈）100ml

3 牛肉に火が通ったら赤だしみそを加え、1の豆腐、青ねぎを加えてふたをして中弱火で5分加熱する。

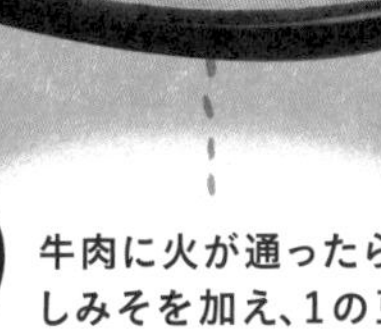

赤だしみそ大さじ1

4 七味をかけ、混ぜながらいただく。

※七味適量

しっとりした鶏肉に山椒がマッチ

鶏むね肉の塩麹山椒ソース

2人分 | 調理時間:20分

材料*memo*

- 鶏むね肉（皮つき）…… 1枚
- しょうが（皮つき）…… 1かけ
- 長ねぎ（葉の部分）…… 1本分
- 水 …… 2カップ
- Ⓐ
  - 玉ねぎ（みじん切り）…… 1/4個
  - 塩麹 …… 大さじ1
  - 太白ごま油 …… 大さじ1
  - 酢 …… 大さじ1
  - 粉山椒 …… 適量
- すだちの皮 …… 適量

＼あると嬉しい！／

背のび調味料

塩こうじ

たれやソースのうまみ出しにぴったり。たまねぎや長ねぎの辛みや酸味をまろやかにしてくれる食材の「まとめ役」。

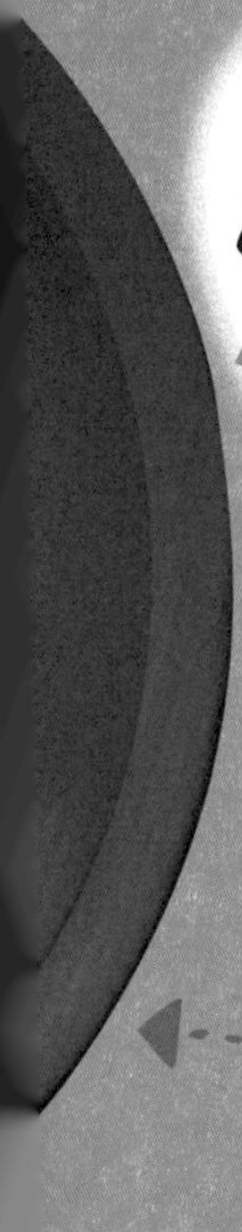

1

鍋に鶏むね肉、長ねぎ、スライスしたしょうが、水を入れ、中火で煮立たせる。

鶏むね肉1枚

長ねぎ（葉の部分）1本分

しょうが1かけ

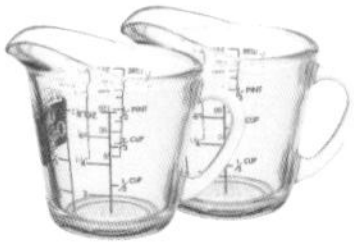

水2カップ

―中火で10分ゆでて、そのまま鍋の中で冷ます―

2

Aを混ぜてなじませておく。

Ⓐ

玉ねぎ1/4個

塩麹大さじ1

太白ごま油
大さじ1

酢大さじ1

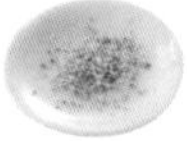

※粉山椒適量

3

1の鶏肉の皮を除き、ななめに薄くスライスして器に盛ったら、2をかける。

4

すだちの皮の緑色の部分をすりおろし、上にちらす。すだちをしぼっていただいても。

※すだちの皮適量

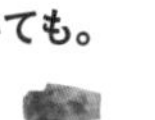

じっくり煮込むだけでつややかに

スペアリブのとろつや煮

2人分｜調理時間:20分

材料*memo*

- スペアリブ …… 350g
- 酢 …… 1カップ
- 水 …… 1カップ
- はちみつ …… 50g
- たまりじょうゆ（またはしょうゆ） …… 小さじ2
- 塩 …… 少々
- 粗挽きこしょう …… 適量
- 削り節 …… 適量

2 つやととろみが出てきたら煮汁をスペアリブに絡め、器に盛りつけて粗挽きこしょうをふる。

※粗挽きこしょう適量

3 フライパンで乾煎りした削り節を手でもみながらかけて完成。

※削り節適量

1

鍋にスペアリブ、酢、水、はちみつ、たまりじょうゆ、塩少々を入れて強火でひと煮立ちさせる。

スペアリブ350g

酢1カップ

水1カップ

はちみつ50g

たまりじょうゆ
小さじ2
※塩少々

―中火で20分―

＼Point／

甘味のあるたまりじょうゆを使うと、みりんがなくても味が決まります。削り節はフライパンで乾煎りすると、香りがたちカリカリした食感がアクセントに。

栄養満点の元気メニュー
鶏肉と大豆の炒め煮

2人分｜調理時間:10分

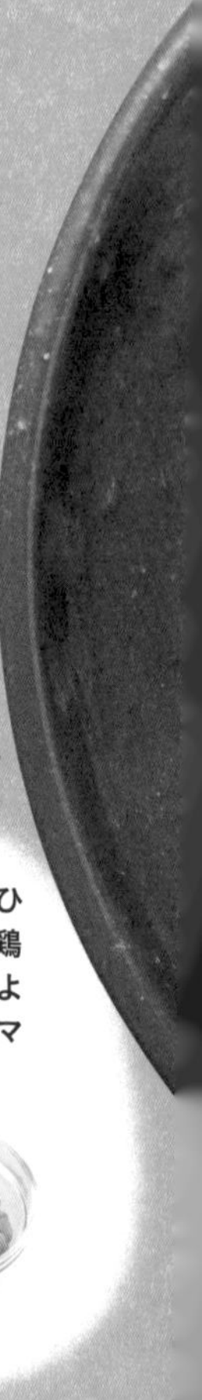

材料*memo*

- 鶏もも肉 …… 1枚
- 大豆(ドライパック) …… 1缶
- ピーマン …… 1個
- しょうが(すりおろし) …… 1かけ
- みりん …… 大さじ1
- オイスターソース …… 大さじ1
- しょうゆ …… 大さじ1
- ごま油 …… 大さじ1
- 白いりごま …… 適量

1 ピーマンはヘタと種をとり、縦に細切り。鶏もも肉は小さめの一口サイズに切る。

ピーマン1個

鶏もも肉1枚

2 フライパンにごま油をひいて中火にかけ、1の鶏肉を皮目から焼く。色よく焼けたら1のピーマン、大豆も炒める。

ごま油大さじ1

大豆1缶

3 しょうが、みりん、オイスターソース、しょうゆを合わせ混ぜ、2に回し入れる。

しょうが1かけ

みりん大さじ1

しょうゆ大さじ1

オイスターソース大さじ1

—中火で2～3分煮て汁気をとばす—

\ Point /

調味料をたまりじょうゆだけにしても味が決まります。ひよこ豆やミックスビーンズで作っても。

4 器に盛り、白いりごまを回しかける。

※白いりごま適量

蒸し器を活用
もっと簡単！1品料理

何といっても簡単で、
素材の味をダイレクトに味わえるのが、蒸し料理！
蒸しただけの素材が一気にごちそうに変貌します。
食欲を誘う蒸しあがりの香りもくせになる。
家にせいろを1つ迎え入れるだけで、
料理の幅はぐんと広がります。

1 エビは背ワタを取り、冷水に20分漬けてくさみをとる。

有頭エビ6尾

2 蒸し器に穴を開けたクッキングシートを敷き、1のエビを並べる。レモングラスをのせ、酒、ナンプラーをかけて塩をふる。

レモングラス3本

紹興酒大さじ1

ナンプラー大さじ2

※塩適量

―強火で10分―

3 レモンをのせ、ふたをして余熱で香りをつける。

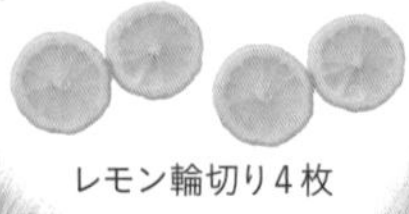

レモン輪切り4枚

エビの味がひき立つ

エビとレモングラス蒸し

2人分｜調理時間：15分

材料*memo*

- 有頭エビ …… 6尾
- レモングラス(ドライ) …… 3本
- 紹興酒 …… 大さじ1
- ナンプラー …… 大さじ2
- 塩 …… 適量
- レモンまたはライム …… 輪切り4枚

＼Point／

2のあと2時間くらい置いて漬け込むと、味がエビに染み込み、よりおいしくなります。皿蒸しにすれば出た汁をスープとして味わえます。別茹でしたフォーにかけても。

巻くだけ簡単＆絶品
パクチー香る蒸し春巻き

2人分｜調理時間：15分

材料*memo*

- 豚挽き肉 …… 100g
- パクチー（根も使用する）…… 1株
- ナンプラー …… 小さじ1
- 片栗粉 …… 大さじ1
- 塩、こしょう …… 適量
- ライスペーパー …… 4枚
- ズッキーニ …… 1/2本（あれば緑と黄色を半分ずつ）
- すだち（薄切り）…… 2切れ
- しょうが（千切り）…… 1かけ
- しょうゆ …… 大さじ1

＼Point／

1で混ぜたタネは団子状にして鶏がらスープに入れてもおいしい。冷凍保存もOK!

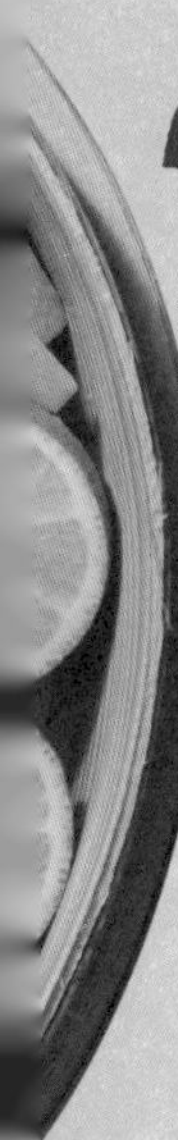

1

ボウルに豚挽き肉、刻んだパクチーの茎と根、ナンプラー、片栗粉、塩、こしょうを混ぜておく。ズッキーニは長さを半分にして薄切り。

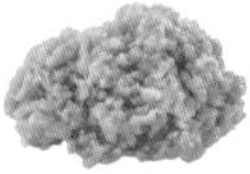

豚挽き肉100g

パクチー（茎と根）1株

ナンプラー小さじ1

片栗粉大さじ1

ズッキーニ1/2本

※塩、こしょう適量

2

ライスペーパーを水にくぐらせて布巾にとり、柔らかくなったら手前に1のズッキーニ以外の具材をおき、パクチーの葉をのせ巻き上げる。

パクチー（葉）1株

ライスペーパー4枚

3

蒸し器にクッキングシートを敷き、2と1のズッキーニを並べる。

―強火で8分―

4

すだちを添えて、千切りしょうがとしょうゆをつけていただく。

しょうが1かけ

しょうゆ大さじ1

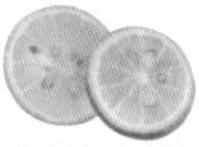

すだち2切れ

子どもも大好きな優しい甘じょっぱさ
ほっくりさつまいもとはんぺん蒸し

2人分 | 調理時間：20分

材料*memo*

- さつまいも …… 150g（輪切り6枚）
- 豚もも肉（薄切り） …… 3枚
- はんぺん（小ぶり） …… 1枚
- 塩、こしょう …… 適量
- 片栗粉 …… 適量
- しょうゆ …… 適量

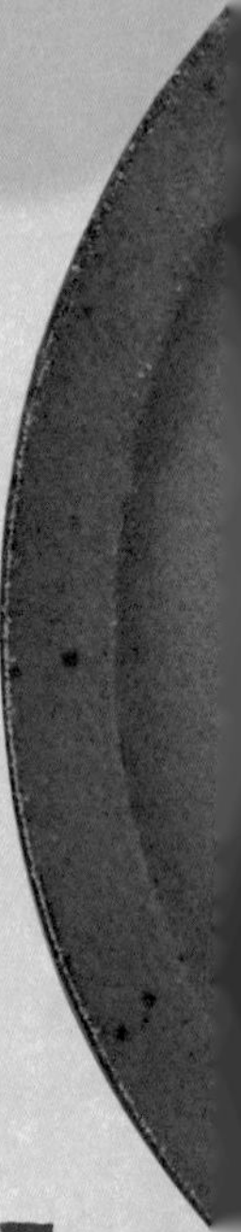

1 さつまいもは5㎜の輪切りにして水にさらす。はんぺんは6等分にする。

さつまいも150g

はんぺん1枚

2 豚もも肉は半分に切り、塩、こしょうをして両面に片栗粉をまぶす。

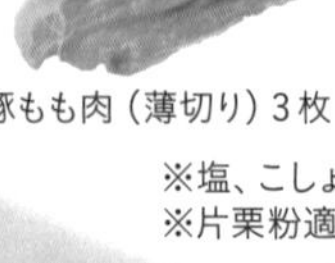

豚もも肉（薄切り）3枚

※塩、こしょう適量
※片栗粉適量

3 蒸し器にクッキングシートを敷き、さつまいも、はんぺん、豚肉の順にのせる。

―中火で10分―

\ Point /

さつまいものかわりにかぼちゃで作っても。かぼちゃで作る場合は豚肉にあわせた大きさにカットして。

4

しょうゆを少しかけていただく。

※しょうゆ適量

せいろの中のお花畑
カラフルにんじん丸ごと蒸し

2人分｜調理時間：20分

材料*memo*

- カラフルスティックにんじん …… 4本
- タイムの枝（あれば）…… 2～3本
- オリーブオイル、岩塩、マヨネーズ、白みそ …… 適量

1 **にんじんを半分の長さに切る。細ければそのまま、太ければ縦に切る。**

カラフルスティックにんじん4本

2 **切ったにんじんをせいろに並べ、タイムの枝をのせる。竹串をさして柔らかくなればOK。**

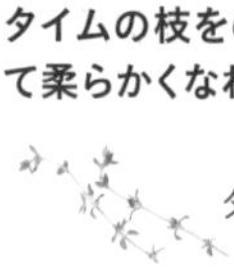

タイムの枝2～3本

―中火で10～20分―

3 **オリーブオイルと岩塩を混ぜたものや、マヨネーズと白みそを混ぜたたれをつけていただく。**

※オリーブオイル、岩塩、マヨネーズ、白みそ適量

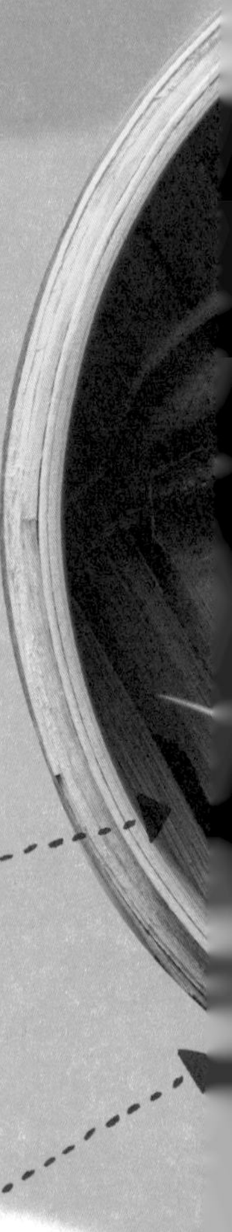

\ Point /

フライパンで蒸す場合は、にんじんをアルミホイルに軽く包み、上部を開けて浅く水を張り、ふたをずらしてかぶせ 10〜15分で完成。水が入らないように注意し、途中で水を足しましょう。

ミルフィーユ状で見栄えも満点

白菜と豚肉の重ね蒸し

2人分 | 調理時間: 30分

材料*memo*

- 豚ばら肉（薄切り）…… 150g
- 白菜 …… 1/8株
- 塩 …… 適量
- 粉山椒 …… 適量

\ Point /

白菜と豚肉の間にチーズをはさむとこくのあるおいしさに。

2 蒸し器から出して粗熱が取れたら、1の白菜、豚ばら肉、塩を交互に重ねる。上から押さえて形を調えたら、蒸し器に入れる。

豚ばら肉（薄切り）150g

※塩適量

—中火で20分—

3 白菜がしんなりして豚肉に火が通ったら取り出し、切り分けて粉山椒をかける。

※粉山椒適量

1 白菜は芯を外して半分の長さに切る。蒸し器に根元を入れて強火で2分蒸し、葉先を入れてさらに2分蒸す。

白菜1/8株

軽い食感のズッキーニが楽しい！

塩豚とズッキーニ蒸し

2人分｜調理時間：15分

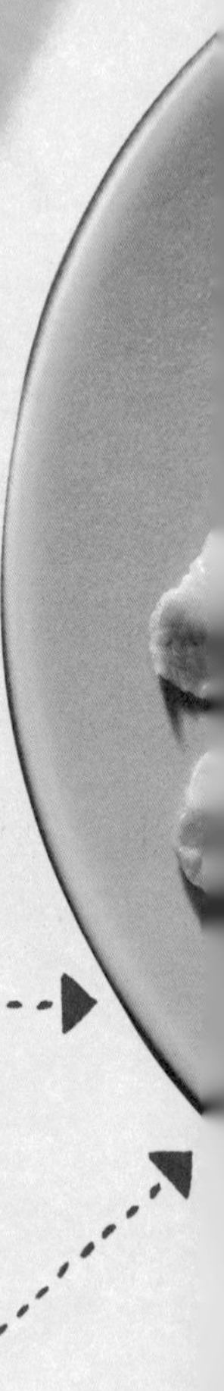

材料*memo*

- 塩豚（厚めの豚ばらスライスに岩塩をまぶして一晩おいたもの）…… 200g
- ズッキーニ（あれば緑と黄を縦半分ずつ）…… 1本
- 酒（あれば紹興酒）…… 大さじ1
- 塩 …… 適量

1

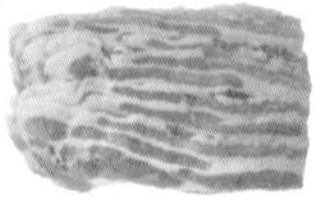

塩豚200g

塩豚は3cmの長さに切る。ズッキーニはピーラーで薄切りにする。

ズッキーニ1本

2

蒸し器に穴を開けたクッキングシートを敷き、塩豚を並べて酒、塩をふり、ふたをする。

酒大さじ1

※塩適量

―強火で10分―

\Point/

ピーラーで野菜をきれいにスライスするコツは、野菜を回しながらやること。転がしながら角をずらしていくと長く美しく切れます。

3

1のズッキーニをのせてさらに2分蒸す。

大豆の味をしっかり味わえる

ふっくら蒸し豆腐

2人分 | 調理時間: 15分

材料*memo*

- 豆腐（絹でも木綿でも）…… 1丁

*つけだれ

- 豆板醤＋ごま油
- 粗塩＋ごま油＋長ねぎ（みじん切り）
- 練りごま＋粗塩＋ごま油 …… 各適量

1 蒸し器にところどころ切り込みをいれたクッキングシートを敷き、豆腐を置く。

豆腐1丁

―中火で15分―

\ *Point* /

木綿豆腐なら隙間があるのでつけだれがたっぷり染み込みます。

2 蒸し器の中で切り分け、お好みのつけだれでいただく。

色鮮やかで食卓華やぐ
蒸した紫キャベツのコールスロー

2人分｜調理時間：20分

材料*memo*

- 紫キャベツ（硬そうな芯はそぎ落とす）…… 1/4個
- Ⓐ ごま油 …… 大さじ1
  粒マスタード …… 大さじ1/2
  塩 …… 適量
- ディル（あれば）…… 1枚

1 蒸し器にクッキングシートを敷き、紫キャベツをまるごと入れる。

紫キャベツ
1/4個

—中火で15分—

2 1を温かいうちに食べやすく切る。

3 2をAに合わせ、ちぎったディルを和える。

※塩適量 Ⓐ

ごま油大さじ1

粒マスタード
大さじ1/2

ディル1枝

＼Point／

冷蔵庫で1週間は持つので常備菜にしても。鮮やかな紫色は変わらないので、お弁当の彩りにも最適。

さっと出したい「もう1品！」も鍋におまかせ！

エンドレスな デザート&小鍋おつまみ

ここまできたらスイーツやおつまみもぜひ鍋で。
小鍋を利用すれば、そのまま食卓へ。
お茶やお酒のお供に、
さっと出せる手作りの1品は
特別なひとときを演出してくれるはず。

1 りんごの皮をむき、8等分に切る。

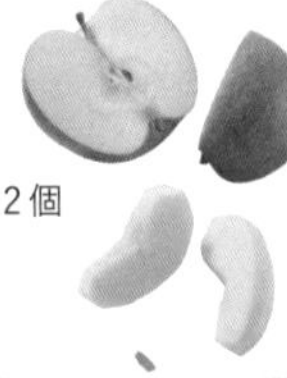

りんご2個

2 鍋に赤ワインと水、シナモンを入れて中火にかける。温まったらはちみつを加える。

赤ワイン100ml

水300ml

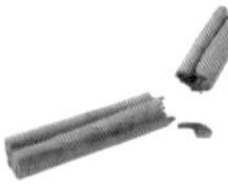

シナモンスティック1本

はちみつ130g

3 2に1のりんごを加えてアルミ箔で落しぶたをする。

―落しぶたをずらして弱火で15分―

4 火を止めてそのまま冷ます。皿に盛り、お好みで生クリームやシナモンパウダーなどをかけ、ミントの葉を飾る。

※生クリーム、シナモンパウダー適量

ミントの葉2、3枚

鍋ひとつでできる簡単スイーツ
りんごの赤ワイン煮

2人分｜調理時間:30分

Point

火を止めたあと、余熱調理で冷ましながら火を通します。紅玉は酸味があり、しゃっきり。ふじは甘くくったり仕上がるので、お好みの品種で。アイスクリームをのせても。

材料*memo*

- 紅玉りんご（ふじなどでも）…… 2個
- 赤ワイン …… 100ml
- はちみつ …… 130g
- シナモンスティック …… 1本（またはシナモンパウダー適量）
- 水 …… 300ml
- 生クリーム …… 適量（お好みで）
- ミントの葉（あれば）…… 2、3枚

ラム酒が効いた大人のスイーツ
エッグノッグスープ

2人分｜調理時間:15分

材料*memo*

- 卵黄 …… 2個分
- グラニュー糖 …… 大さじ1
- 牛乳 …… 150ml
- 生クリーム …… 50ml
- ラム酒 …… 大さじ2

*メレンゲ
- 卵白 …… 2個分
- グラニュー糖 …… 大さじ1
- シナモンパウダー（またはナツメグパウダー）…… 適量

2

鍋に1の残りのグラニュー糖、牛乳、生クリーム、1を入れて弱火にかけ、沸騰させないように温めてラム酒を入れる。

グラニュー糖大さじ1/2

牛乳150ml
+
生クリーム50ml

ラム酒大さじ2

3

別のボウルにメレンゲの材料を入れ、8分ほどに泡立てる。

卵白2個分

グラニュー糖大さじ1

4

2を器に盛り、3をのせてシナモンパウダーをふる。

※シナモンパウダー適量

1 ボウルに卵黄とグラニュー糖の半量（大さじ1/2）を入れ、泡立て器でよく混ぜる。

卵黄2個分

グラニュー糖大さじ1/2

＼Point／
ラム酒のかわりにメープルシロップを使うと子どもも楽しめます。

甘じょっぱい界最強の小洒落た一品
おつまみナッツ小鍋

2人分｜調理時間:5分

材料*memo*

- くるみ、アーモンドなどのナッツ（有塩）…… 30g ～（お好みで）
- ドライフルーツやサラミ …… 各6個前後（お好みの組み合わせで）
- バター …… 10g
- はちみつ …… 大さじ1
- タイム …… 1枝
- 粗挽きこしょう …… 適量

1 小鍋を中火にかけてバターを溶かし、ナッツ類を炒め、はちみつを入れてからめる。ドライフルーツ、サラミも加える。

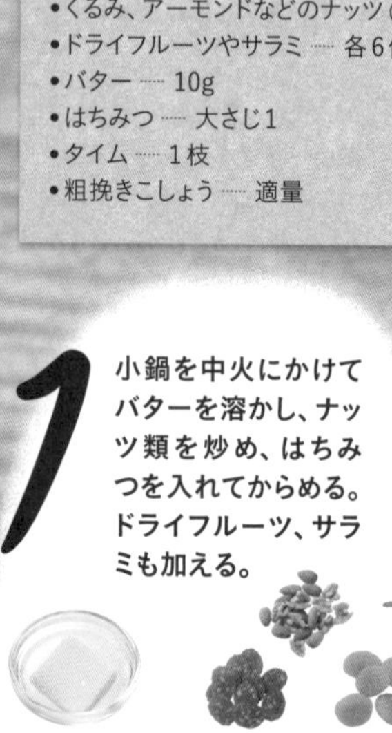

バター10g　ナッツやサラミなどお好みの量

はちみつ大さじ1

2 ふつふつしたら火からおろし、タイムをちらし、粗挽きこしょうをかける。

タイム1枝
※粗挽きこしょう適量

\ Point /

ナッツはカシューナッツやピスタチオ、ミックスナッツでも。ドライフルーツは硬めの方が焦げつきにくくおすすめです。酸味があるものが好相性。

小鍋で作れるおつまみ
まぐろとねぎのオイル煮

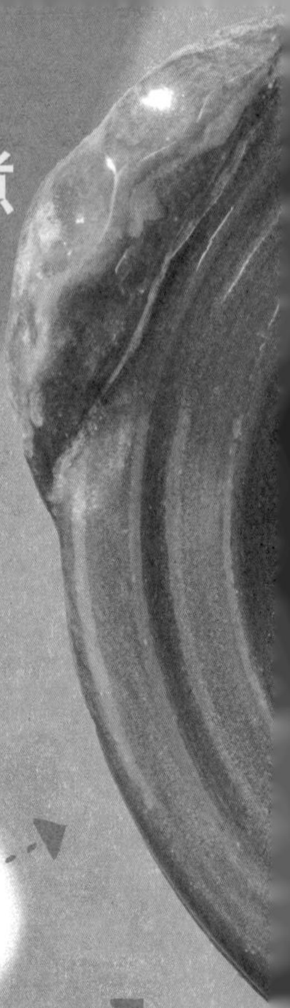

2人分 | 調理時間:10分

材料memo

- まぐろ(柵) …… 80g
- 長ねぎ …… 1/4本
- 実山椒(下ゆで済み) …… 小さじ1
- 太白ごま油 …… 大さじ2～3

*たれ
ポン酢＋からし(しょうゆ、岩塩などと組み合わせても)
…… 適量

1 長ねぎは斜め切り、まぐろは3cmの角切り。

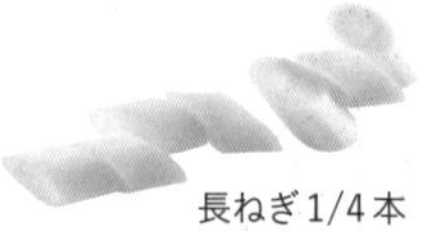

長ねぎ1/4本

まぐろ(柵)80g

2 鍋に太白ごま油、1の長ねぎ、実山椒、1のまぐろの順で入れ、中火で加熱する。

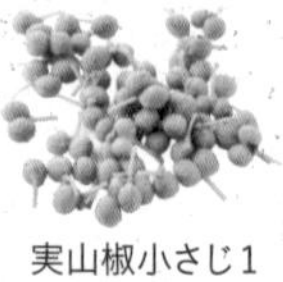

実山椒小さじ1

太白ごま油
大さじ2～3

\ Point /

安売りのまぐろの柵やまぐろのブツのおいしいアレンジ。半分レアでいただくのがおすすめ。市販のバジルソースをからめ、粉チーズをふって洋風アレンジもgood!

3 まぐろが半分白くなったら火からおろし、ふたをして余熱調理。

4 お好みのたれをつけていただく。

旨味をしっかり引き出す
アサリの酒蒸し

2人分 | 調理時間:10分（砂抜き時間を除く）

材料*memo*

- アサリ …… 250g
- にんにく（みじん切り） …… 1かけ
- はちみつ …… 少々
- 酒（または白ワイン） …… 80ml
- オリーブオイル …… 大さじ1
- 塩 …… 少々
- あさつき（小口切り） …… 1本分

\ Point /

アサリの塩抜きの際にはちみつを1プッシュ入れることで旨味が格段にアップ。酒を使うとさっぱりとした味わいに、白ワインではフルーティな香りを楽しめます。

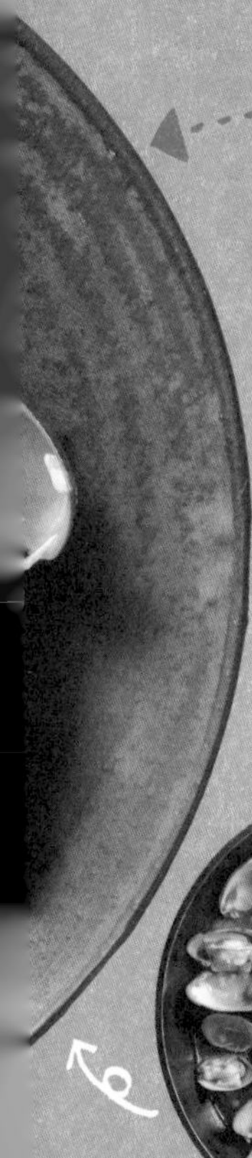

1 アサリをよく洗って30分常温におき、かぶるくらいの水(約500ml・分量外)につける。塩(約15g・分量外)とはちみつを入れ、冷蔵庫で一晩砂抜きをする。

アサリ250g

※はちみつ少々

2 フライパンにオリーブオイルをひいて中火にかけ、にんにくを炒める。

にんにく1かけ

オリーブオイル大さじ1

3 にんにくの香りが出たら、1のアサリ、酒を入れてふたをする。

酒80ml

4 アサリの口が開いたら塩で味を調え、あさつきをちらす。

あさつき1本

※塩少々

ごはんのおともに、おつまみに◎

小鍋で桜エビと韓国のり

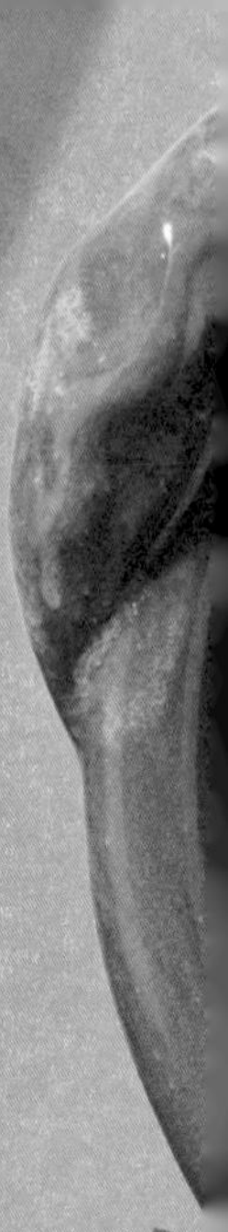

2人分 | 調理時間:5分

材料 *memo*

- 乾燥桜エビ …… 大さじ2
- 韓国のり …… 5枚
- 白いりごま …… 少々
- にんにく（すりおろし） …… 少々
- 太白ごま油 …… 大さじ1/2
- みりん …… 大さじ1/2
- たまりじょうゆ …… 少々

※写真はかぶの葉の茎（2本分）を追加しています。

1

小鍋に太白ごま油を入れて中火にかけ、にんにく、乾燥桜エビ、ちぎった韓国のり、白いりごま、みりんを入れ、香りがたつまで炒り煮する。

太白ごま油
大さじ1/2

にんにく少々

乾燥桜エビ大さじ2

韓国のり5枚

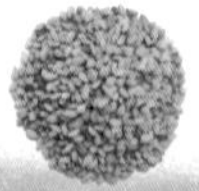

白いりごま少々

みりん
大さじ1/2

2

火からおろしてたまりじょうゆをひとたらしして完成。

※たまりじょうゆ少々

\Point/

かぶの葉の茎2本分を小口切りにして1で加えるとおいしいごはんのお供に変身！

使える便利食材

乾燥桜エビ Column

そのまま汁物に入れるだけで、だしが不要に。野菜と炒めると、一発で味が決まります。細かい網エビではなく、大きめの桜エビがおすすめ。乾物なので保存しやすく、カルシウムが豊富な点もうれしい。

手軽に作ってつくりおきも

めんつゆで簡単煮卵

2人分 | 調理時間:20分

材料memo

- 卵 …… 4個
- めんつゆ（つけつゆの濃さに希釈）…… 1カップ

＼Point／

煮汁ごと保存袋やタッパーに入れてひたひたにつければ冷蔵庫で1週間は持ちます。

1

鍋に常温にした卵を入れ、かぶるくらいの水（分量外）を入れて火にかける。沸騰したら弱火にし、5分で火を止めて半熟のゆで卵にする。

卵4個

2

1を冷水にとって冷まし、殻をむく。

3

鍋に2の卵、めんつゆを入れて火にかける。煮立ったら弱火にして卵を転がしながら色がつくまで10分ほど煮る。

めんつゆ1カップ

仕上げのフランベで楽しく演出

小鍋でさきイカあぶり焼き

2人分｜調理時間:5分

材料memo

- さきイカ …… ひとつまみ
- 実山椒 …… 小さじ1
- マヨネーズ …… 大さじ1
- 泡盛またはジン …… 大さじ1/2

1 小鍋にマヨネーズ、さきイカ、実山椒をちらす。

マヨネーズ大さじ1

さきイカひとつまみ

実山椒小さじ1

2 中火にかけ、マヨネーズが溶けてふつふつしてきたら火からおろし、泡盛をかけてふわっと混ぜ、火をつけてフランベする。

泡盛
大さじ1/2

\ Point /

フランベで焦がしたさきイカをこんがりしたマヨネーズで絡めればエンドレスで食べられてしまいます……。

Column

使える便利食材

実山椒

初夏にしか出回りませんが、下ゆでしたら冷凍庫で1年ほど保存できます。冷凍したら使うときにそのままふりかけるだけ。肉じゃがなど定番の和食に添えると、見た目も味も洗練された一皿に。余ったらじゃこと混ぜて佃煮にしても。

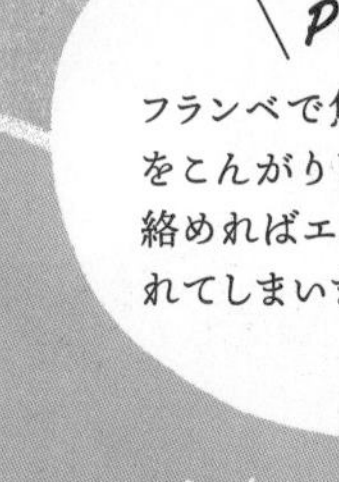

マヨネーズで簡単に！
あつあつマヨ・アヒージョ

2人分 | 調理時間：15分

材料*memo*

- ゆでダコ …… 100g
- じゃがいも …… 中1個
- マッシュルーム …… 3個
- にんにく …… 1かけ
- マヨネーズ …… 150g
- 唐辛子（小口切り） …… 適量
- タイム …… 適量

\Point/

マッシュルームはエリンギなどお好みのきのこに変えても。ゆでダコをエビや牡蠣にしても楽しめます。

1

タコは一口大に切る。じゃがいもは皮をむいて輪切りに。マッシュルームは半分に切る。

ゆでダコ100g

じゃがいも中1個

マッシュルーム3個

2

1のじゃがいもを水にさらし、耐熱性のボウルに入れ、ラップをして電子レンジで2分半〜3分加熱する。

3

小鍋につぶしたにんにく、マヨネーズ、1のマッシュルームを入れて弱火にかける。

にんにく1かけ

マヨネーズ150g

4

マヨネーズが溶けたら2のじゃがいもを加え、1のタコ、唐辛子を入れて軽く煮る。

※唐辛子適量

5

タイムの葉をちぎってちらす。

※タイム適量

あっさり味変たれベスト5

1 大根おろしゆずこしょう

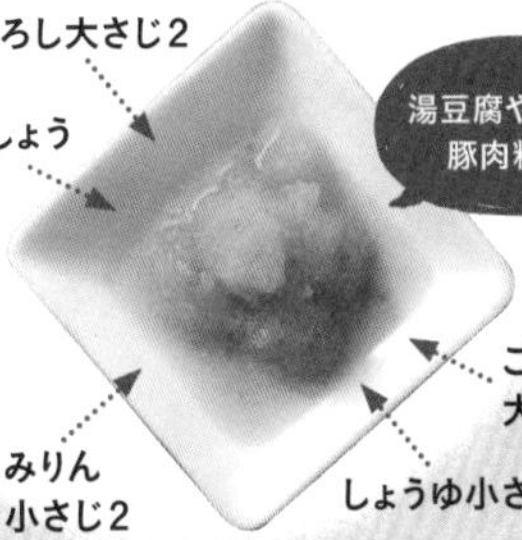

大根おろし大さじ2
ゆずこしょう少々
ごま油大さじ1/2
しょうゆ小さじ2
みりん小さじ2

湯豆腐や白身魚、豚肉料理に

2 とろろだれ

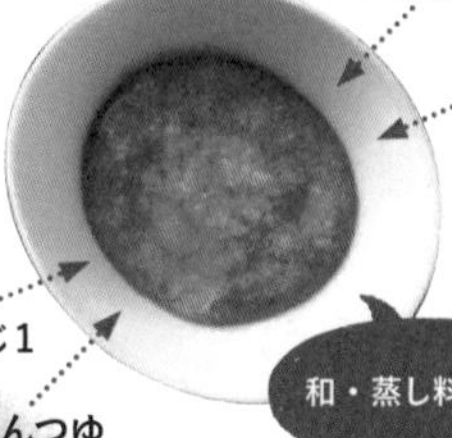

豆板醤小さじ1/4
長芋おろし大さじ1
水小さじ1
めんつゆ小さじ2

和・蒸し料理に

3 トマトだれ

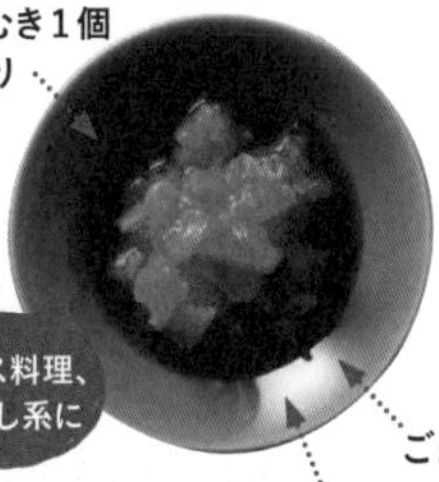

トマト湯むき1個みじん切り
ごま油小さじ2
めんつゆ小さじ2

スパイス料理、和風だし系に

4 しょうゆねぎおかか

おかか大さじ1
しょうゆ小さじ1
ねぎみじん切り小さじ1

湯豆腐やあっさり鍋に

5 たらこオリーブ

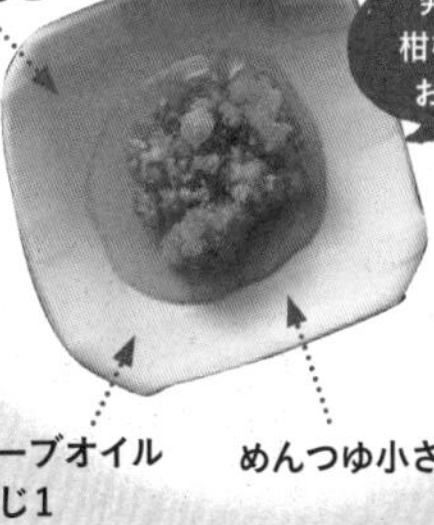

焼きたらこ1個
オリーブオイル大さじ1
めんつゆ小さじ2

発酵系、柑橘入りのお鍋など

こんな1品に！

えのきのたらこオリーブ和え

えのき（1パック）の石づきを切り落とし、さっと湯がいて水気をしぼる。たらこオリーブ大さじ2を和えて完成。

コク増し たれ ベスト5

発酵食品で
旨みをプラス

1 ごまだれ

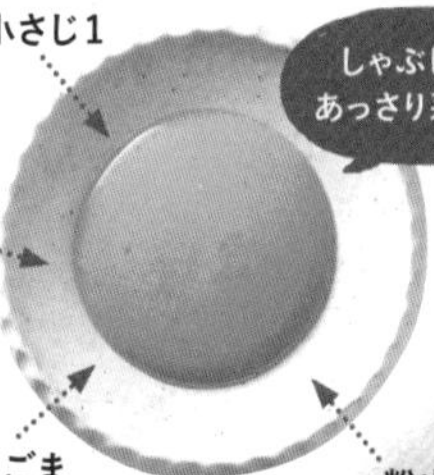

2 クリームチーズとみそのディップ

3 ザーサイパセリ

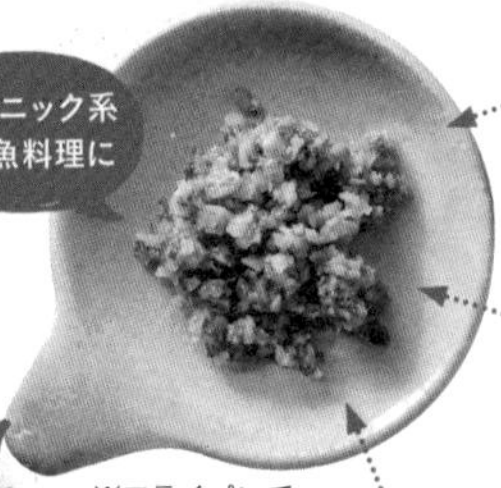

※フライパンでさっと加熱

4 塩麹と玉ねぎ

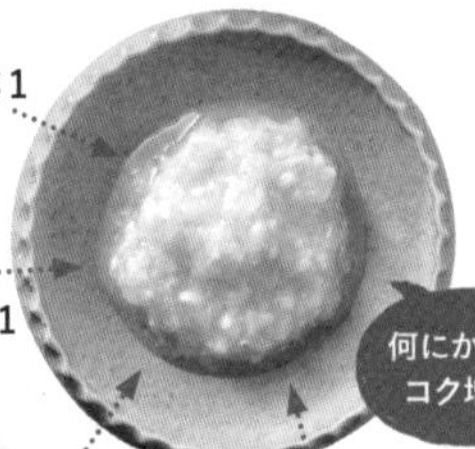

こんな1品に！

トマトとオクラの豚ばらまき

材料：トマト1/ 2個（櫛切り）、オクラ4本、豚ばら肉3枚

トマトとオクラを豚ばら肉で巻いて塩、こしょうをして串にさし、グリルで焼く。ザーサイパセリのたれをのせて完成。

5 白みそマヨ

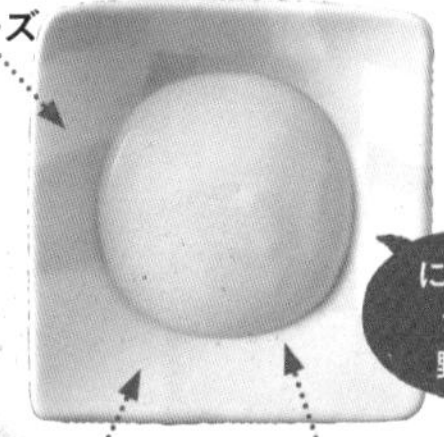

※各1：1：1で混ぜる

刺激プラス！たれベスト5

香辛料がきいた辛みのたれ

1 豆板醤のねぎだれ

何でも合う万能だれ

ねぎのみじん切り小さじ2
豆板醤小さじ1/4
ごま油小さじ1

2 粒マスタードの浸けだれ

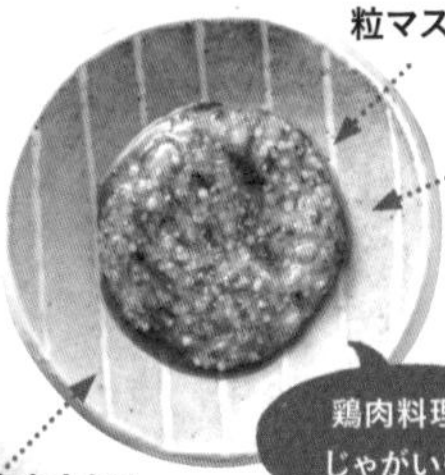

粒マスタード小さじ1
めんつゆ大さじ1
ごま油小さじ1

鶏肉料理やじゃがいもに

3 マージャオ（麻椒）ソース

しょうゆ小さじ1/2
ごま油大さじ2
ホワジャオ小さじ1/2
砂糖小さじ1/2
酢小さじ1/2
大葉10枚
細ねぎ5本

麺料理や冷製の肉・魚に

※ミキサーで作りやすい量を入れて撹拌する

4 ねぎラー油

豆腐や和えものに

ラー油少々
岩塩少々
長ねぎみじん切り小さじ1

5 ピリ辛みそマヨ

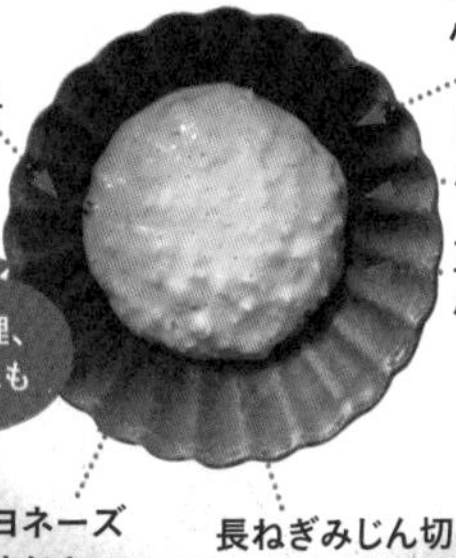

みそ小さじ1
にんにくみじん切り小さじ1/2
しょうがみじん切り小さじ1/2
豆板醤小さじ1/4
マヨネーズ小さじ1
長ねぎみじん切り小さじ1

蒸し料理、おでんにも

こんな1品に！

ゆでじゃがいものピリ辛みそマヨ和え

じゃがいも（中1個）の皮をむき、食べ良く切る。電子レンジで4分ほど温め、温かいうちにピリ辛みそマヨ大さじ1を和える。

キレ味さわやか たれ ベスト5

酸味、
柑橘のたれ

1
梅肉ねぎだれ

2
パセリジェノベ

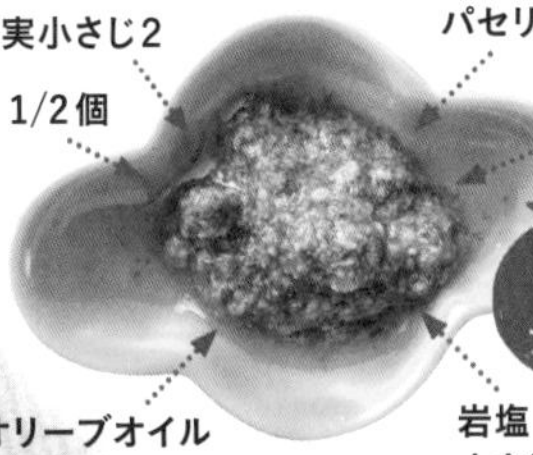

※ミキサーで作りやすい量を
入れて攪拌する。

こんな1品に！

ショートパスタの
パセリジェノベーゼ

ゆでたショートパスタにパセリジェノベ大さじ2を和える。粉チーズとこしょうを適量かけて完成。

3
レモンオリーブ塩

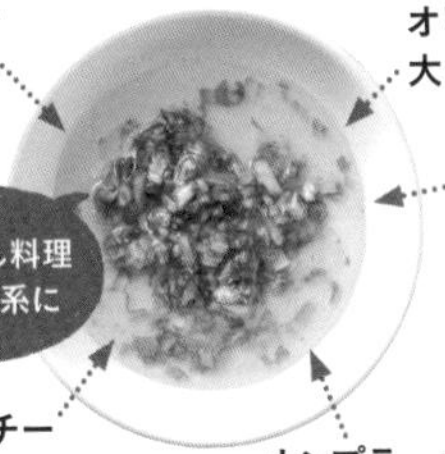

4
黒酢しょうゆからし

5
はちみつポン酢ナッツ

鈴木 理乃 Suzuki Ayano

料理家・フードコーディネーター
キャリアスクールでフードコーディネーターコースを修了。2006年フィレンツェに料理留学後、フードスタイリストとして活動を開始。雑誌、TVCM、ホテルなどの和食器コーディネートイベントなどで幅広く活躍中。ラム酒、唎酒、発酵食の認定資格をもつ。

調理協力　中村仁美
デザイン　松田剛・伊藤駿英（Tokyo 100millibar Studio Inc.）
執　　筆　佐藤華奈子・熊美子
写　　真　大湊有生（クラッカースタジオ）

鍋おかず100

2020年11月20日　第1刷発行

著　者　鈴木 理乃

発行者　永岡純一
発行所　株式会社永岡書店
〒176-8518　東京都練馬区豊玉上1-7-14
電話03-3992-5155（代表）　03-3992-7191（編集）

印刷・製本　大日本印刷

落丁・乱丁本はお取替えいたします。
本書の無断複写・複製・転載を禁じます。
ISBN978-4-522-43834-3　C2077

永岡書店ホームページアドレス
https://www.nagaokashoten.co.jp

「鍋おかず 100」

ISBN978-4-522-43834-3

C2077 ¥1300E

9784522438343

定価：本体 1,300 円＋税

永岡書店

1922077013006

和・洋・中からエスニック系まで
毎日でも飽きない、圧倒的レシピ数！

31
ココからはがして下さい
1/1
SBN：9784522438343
注NO：108119
注日付：241202
店CD：187280　24
客注

味変でさらにおいしい！ 絶品たれレシピ付き